十力
文化

國考館

第三版

圖解法律記憶法

國家考試的第一本書

法學博士
錢世傑 — 著

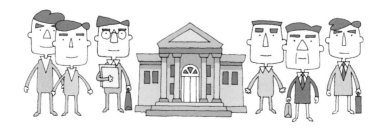

序

為什麼要寫這本書？

為什麼寫這本書？

雙手托住下巴，想了又想，歸納勾勒出幾個理由。

第一，當然是減輕法律學習者的痛苦，雖然我已經不必參加國家考試，但不一定只有要準備國家考試的人才需要記憶法律，記憶法律對於所有法律人或是想瞭解法律的人而言都是蠻重要的一項工作。

第二個理由是什麼呢？

應該是自我突破吧！

過去5年，我學習了許多法律圖解化的技巧，呈現出來的成果，從《圖解憲法》、《圖解民法》、《圖解刑法》、《圖解法學緒論》等書，甚至於日本圖解書很難看到的《圖解行政法》，我也已經完成，在國內也獲得許多迴響。

但當走到一定階段的時候，我需要更多的里程碑，「法律記憶法」就是現階段的目標，這是因為我國市場上沒有這種書籍，也需要高度的創意才能完成，這是我目前最大的挑戰。

摸索多年才找到一些路

我並非記憶專家，也因此才知道該如何去幫助許多和我一樣困擾的學子。法律條文應該是最難記憶的文字形式之一，經過很長時間的摸索、大量閱讀記憶法相關書籍，逐漸找到一些模式。經由實地設計許多法條，也找了很多考生進行測試，覺得有些方法可以有效地降低法律學習者在記憶上的痛苦，並將短期記憶加工後，轉換成為長期記憶。

該不該學習記憶法？

常看到許多人說「唸書最重要的是理解」，這句話基本上沒有錯，但很多人因為覺得理解很重要，就排斥使用記憶法，這樣子的想法蠻矛盾的。這是因為記憶是自然發生的事情，理解的過程就是記憶，反覆複習的過程也是記憶一直在做的事情，為何要排斥呢？我覺得這句話比較精準的說法應該是：「排斥與內容不相關的記憶方法」。

只是，為了讓自己日後複習，或者是為了口頭或文字的順暢表達（無法拿足夠資料參照的時候），還是必須要靠一些特殊有效的記憶方法，才能夠很順利地達到前開目的。

當然，多看幾次、反覆背誦也有效果，但是卻欠缺一定的效率。尤其是反覆記憶法這樣的記憶方法，不符合人腦長期記憶的規則。所以，在記憶過程中，會浪費許多時間，這時候需要「其他與內容不相關的記憶法」加以輔助，減少記憶耗費的時間長度。

複習時間減少了，當然也能降低對學習的排斥感。

雖然大多數記憶方法與內容無關，不過這也沒關係。記憶方法是為了擠出更多的時間進行理解，讓人有更多的時間去挖掘知識的廣度與深度。

該不該學習記憶法？

這問法是錯的，因為每個人都會記憶，差別在於效率的高低，以及該用什麼方法記憶！

序

一本法律記憶法的通論書籍

什麼叫做通論書籍？

這要先從當初的出版架構說起，一開始想以刑法總則為主軸再延伸至其他科目，但僅僅一百多條條文的刑法總則，讓我左思右想後，得出絕佳記憶法的條文數居然還不到一半。

因此，我改變出版的方向，以記憶方法為主的模式，從每個記憶方法找出一些已經設計好的條文，範圍當然還是以刑法為主，不過仍有許多條文範圍擴及民法、刑事訴訟法等規定，所以稱之為通論書籍。

書，永遠無法百分之百完美才出版，但改版的時候可以朝逐步完美的目標前進。《圖解法律記憶法》讓我找到一些不錯的模式，也許還不夠普遍，也許還需要驗證，但經過學生與讀者們的回饋建議，相信能讓本書調整可以更貼近完美目標。

引用電影「福爾摩斯」第2集最後瑞士和平高峰會中，福爾摩斯對自己能觀察四周每一個細節，找出誰是易容殺手的感想：

看到一切細節，這是我的詛咒。

同樣地，J教授也要說一段話：

記不起法條內容，是我必須想辦法解決的詛咒。

法律記憶學

埃里克・坎德爾（Eric R. Kandel），美國哥倫比亞大學教授，美國、法國、德國的國家科學院院士，2000年以突觸變化的效應及其改變如何影響學習與記憶之研究，榮獲諾貝爾生理學與醫學獎，著有《Memory：From Mind to Molecules》。（我國翻譯為「透視記憶」）

我國零散的學術論文，以及少到可憐的書籍，更遑論特定學門之應用。為了在記憶發展的國際舞台上不要讓ROC缺席，我期許能將記憶法所學改善並提高法律人的記憶效率，成為法律教育上的跨時代變革，並將成果以書籍或其他模式發表，供後人持續研究之基礎。

我並不著重於學術上的探討，而是偏重於實務上的教學，所以找很多讀者、學生來作測試，唯有如此才能知道記憶過程中的感覺，瞭解會發生哪些瓶頸，又該如何突破這些瓶頸。例如我曾經以一客500～600元價值的「把費」作為獎品，吸引挑戰者記憶34項物品，聽起來不是很難，但願意挑戰的人實在很少。最後，順利地在挑戰者身上發現很多有趣的記憶現象，也收錄於本書中。

相信這不只是「法律記憶法」，而將被認為是「法律記憶學」。

錢世傑

民國110年2月15日

目 錄
CONTENTS

第 **3** 篇　我走過的記憶法基本訓練

目 錄
CONTENTS

第 **4** 篇　雞尾酒記憶法的世界

居然燒真錢
真可惜…

第 **5** 篇　反覆練習是成功法門

第 **1** 篇

認識記憶

　　近10年來，心理學、神經學等與記憶有關的科學進入快速發展的階段，相關文獻也如雨後春筍般冒出，當然也出現了一堆與大腦相關的書籍。這些書可以說是記憶法的基礎，但筆者研讀過很多相關書籍，卻發現很難找到與提升記憶效率有關的內容。

　　因此，如果讀者們只是要提升記憶的效果，看一下本書所介紹的方法就足夠了，有時間再去閱讀這些研究大腦如何運行的書籍，這樣才可以進一步暸解基礎理論。

本篇大綱

記憶的概念與特性

記憶的概念

記憶，可拆解為「記」與「憶」兩個部分來看。

記，是將資料有系統地放入大腦中，就像是整理書房一樣，將物品分門別類地放好。

接著，在置物櫃上加一些文字標籤，或是將物品存放位置抄寫在筆記本上，以幫助自己能夠快速尋找資料。這種將資料從大腦中取出的過程，也就是「憶」的意義。

至於什麼是記憶天才？筆者有位同事的辦公室非常雜亂，就像垃圾場一樣，東西堆得到處都是，又雜又多又亂，但每次跟他要資料，即使他人不在現場，依舊可以透過電話指揮、遙控同事幫忙找到正確的資料，就像本人親自到場一樣，這就是一種記憶天才！

追求快記慢忘

如果採用傳統的反覆記憶法（本書第54頁）效果比較差，右頁圖表是一般人的遺忘曲線。簡單來說，我們的記憶通常在1天、1週，或是1個月後，大約只能記得五分之一，之後也不太會再忘了，也可以說是忘得差不多了。有沒有過類似的經驗，在沒有紙筆的情況下只靠嘴巴反覆背誦，硬記一組電話號碼，總是一不留神就忘光了。

透過記憶法的訓練，希望能夠讓記得的內容「快記慢忘」，也就是說資訊能立即進入大腦，然後久久不忘。許多記憶專家在示範的時候會講些誇張的台詞：「想忘都忘不了」，這是要強調他的記憶法是多麼有效果，甚至還會批評別人的記憶法，但其實記憶還是會隨著時間淡忘，只是記憶法可以延緩忘記的速度。

德國心理學家艾賓豪斯（Hermann Ebbinghaus），是第一位從心理學角度對記憶進行系統化實驗的學者，著有《論記憶》一書，他提出遺忘曲線的觀點（如下圖）：

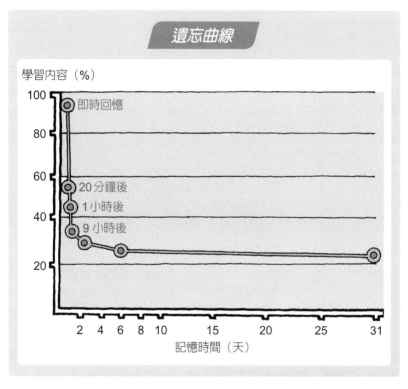

遺忘曲線

學習內容（%）

- 即時回憶
- 20分鐘後
- 1小時後
- 9小時後

記憶時間（天）

學習記憶法的最終目的，是希望遺忘曲線不要太快掉下來，而是呈現緩慢下滑的趨勢，1週下滑不超過30%。即使記憶內容下滑，也能透過複習的過程快速回復原始記憶的程度，而且愈來愈快。

失憶症病人－ H.M.

H.M.在記憶學發展史上具有舉足輕重的地位（研究記憶相關的書籍幾乎都會介紹他）。

H.M.因幼時受傷引起常發性癲癇，由於愈發嚴重，神經外科醫生史考維爾決定將其腦部異常放電導致癲癇的區域切除，包括海馬迴的部分。結果發現H.M.自此之後就無法將新的短期記憶轉換成永久性的長期記憶。麥吉爾大學心理學教授米爾納將此發現寫成論文，並研究H.M.長達40年之久。

H.M.有學習新事物的能力，但很快就會忘記，顯然H.M.具備短期記憶之能力，但欠缺將之轉換成長期記憶的能力。可是這並不代表其長期記憶不存在，因為H.M.還是可以記得許多童年往事。

更重要的一次實驗，是讓H.M.學習從鏡子中畫一個星星的外框線條，雖然每一次測試時，他都堅持從來沒做過這種實驗，可是卻愈做愈好，顯然他的長期記憶能力並非完全消失，代表其有一定累積學習的能力。

電影－「神鬼認證」

麥克戴蒙在電影「神鬼認證」中飾演男主角傑森包恩，是一位訓練精幹的殺手級特務，但是在一次刺殺任務中因為受重傷而出現失憶現象。由於他身負重任且身分敏感，中情局容不下他，急著要以各種手段殺其滅口。

主角在喪失記憶的過程中，雖搞不清楚自己是誰，卻偶然發現自己是個特務，能輕而易舉使用槍枝、武術、殺人等技巧，與H.M.一樣，喪失了記憶，但是並沒有喪失其他運動、防衛的身體記憶。

電影－「攔截記憶碼」

除了知名電影「神鬼認證」之外，還有一部描述未來世界的電影「攔截記憶碼」。

道格（柯林法洛飾）是一位平凡且地位低下的工人，想要以植入記憶的方式體驗間諜的刺激生活。然而事實上，道格的真正身分其實就是個間諜，只是被敵人洗去記憶，並用植入新記憶的方式加以軟禁，也因此再次輸入記憶時產生衝突，敵人發現後將他團團包圍，道格不自覺的反應居然把來犯的敵人（警察）全部殺掉，也開始了逃亡的生活。

這些電影情節好像都跟 H.M. 的研究成果有關係。當然我們不可能是殺手，但學會了腳踏車，終身都會使用雙輪平衡，這種技術就是屬於非陳述性記憶。（參照《透視記憶》第 68 頁）

此外，「全面啟動」這部電影談到如何在他人腦中植入記憶，這個技法並非不存在。本書第 86 頁提到的記憶宮殿，實際上大腦可以有模擬功能，模擬功能在演化過程中很重要，他可以模擬出許多野獸突襲的情境，並同時模擬出逃避機制。透過大腦模擬功能，也可以有植入記憶的效果；譬如說我想要把十個物體放進住家中，可是學習者並沒有來過我家也不知道格局長什麼樣子，但只要透過適當的描述就可以讓學習者在大腦自動產生他所想像的空間；換言之，利用模擬功能可以在對方的大腦中創造出我想要創造的場景。

短期記憶與長期記憶

筆者曾經玩過一款遊戲APP（如右頁圖），玩家必須記憶數字的順序（以數字代替順序），數字會愈來愈多，也代表遊戲的難度會愈來愈高。通常我會看一眼然後閉上眼睛，讓影像暫時存在腦中，再張開眼睛展開遊戲，通常在一定長度內的數字可以正確抓對順序。只是這樣的短暫視覺記憶如果不做任何處理，就不會保存在腦中。

電話號碼也是一樣，你是否有過要抄下朋友的電話時，手邊剛好沒有紙筆，只好直接硬記，可是又怕記不起來，只好一直唸一直唸，邊唸邊打電話，打完電話的同時也忘記號碼是多少了？這是因為這樣的情況屬於短期記憶。當看到的東西沒有邏輯可言，大腦並不會浪費空間存放，會在極短的時間內拋棄。

那什麼是長期記憶呢？試著回想10年、20年前印象最深刻的事情，可能是一段刻骨銘心的愛情，拿到畢業證書的那一瞬間，或是第一次初吻，甚至是一場無聊至極的演講？

這些記憶為何會成為你難忘的長期記憶呢？

「七加減二」法則

另外，也有所謂的「七加減二」法則的論點，據悉是由哈佛大學心理學家George Miller於1956年提出的論文「神奇數7±2：我們處理訊息能力的某些限制」，也就是每次只能記得7項事件，有些人記憶比較好，可以記憶到9件，而有些人比較差，只能記得5件，這些也都代表著使用左腦的記憶效能會比較差。

但所謂7件，並不是代表7個數字或英文、中文單字，舉例來說，如右頁下方的第一組數字與英文字，總共20個數字與英文單字，但可以拆解成911、88（水災）、921、329、543、TPE、USA等組合，這樣就可以輕鬆記起來了。

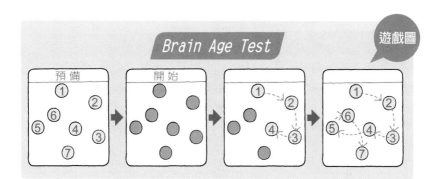

「七加減二」法則

第一組

911 88 921 329 543 TPE USA

第二組

392850478396380ZHEICJ

　　第一組是經過設計過的數字與英文字，也是很多記憶專家所示範的方法，沒有對或錯，只是告訴讀者透過歸納分類可以將看似無意義的事物變成容易記憶的內容。

　　至於第二組的數字與英文字，則是隨意編寫，當然還是有記憶的方法，只是也沒有必要利用記憶方法來記得這些內容，拿枝筆抄起來即可。

記憶法的發展

　　遠古時代沒有電腦、手機，甚至連紙筆都沒有，可是有很多知識與經驗必須傳承給下一代，例如該如何生火、什麼植物可以吃、如何捕捉動物、哪些神明要尊敬等等。

　　當時只能衍生出如結繩記事，或透過刻印在岩壁上的壁畫來呈現。遠古時代對於記憶法的需求所衍生的研究，雖然研究方法不如今日，但重視程度遠甚於現在。

　　羅馬時代，開始發展出記憶宮殿（場所記憶）法，此方法是將所要記憶的事項放在自己熟悉的場所，要提取記憶時，只要依序回憶這些空間場景，所要記憶的事項自然而然就會跳出來了。在當時，記憶宮殿法很廣泛地被許多哲學家所使用。

科技發展弱化了記憶的發展

　　到了現代，各種新興科技大幅發展，行事曆可以透過智慧型手機存在雲端，不再需要隨身攜帶行事曆、筆記本和筆了，只要一支手機，隨時可以記錄與查詢，連日記都可以完成，而且還可附上照片，甚至加密和分享。

　　最困難的人像記憶也更便利了，只要對方願意讓你拍照，就可以連結電話簿，同時還可以跟臉書結合，只要網路上可以公開的資料，這個人的資訊都逃不過你的法眼。現代科技的發展，也是人類記憶區域開始退化的前兆。

大量的記憶相關研究

　　本書提到許多記憶法的研究，包括期刊或博碩士學術論文等，以期能協助人們找出記憶的密碼。

　　例如波恩大學研究發現，當資訊被儲存為記憶時，邊緣系統的嗅腦*和海馬迴就會產生一定頻率的擺動，如果未達40赫茲，大腦就會丟掉感官刺激，無法儲存資訊。（參照《強記力》第41頁）

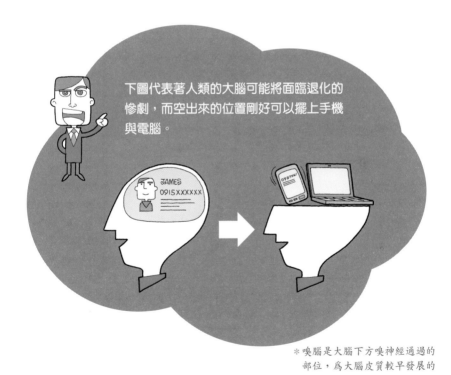

下圖代表著人類的大腦可能將面臨退化的慘劇，而空出來的位置剛好可以擺上手機與電腦。

JAMES
0915 XXXXXX

*嗅腦是大腦下方嗅神經通過的部位，為大腦皮質較早發展的區域，屬於舊皮質。

數字太長，就記不得

1887年，倫敦教師J‧雅各斯的系統性實驗，設計了右頁的小測試來測量學生的學業能力，要是能記住九或十位數字，那一定是智商高於150的天才！（參照《強記力》第45～46頁）

完成右頁的實驗之後，是否覺得自己的記憶力非常厲害？一般來說都可以記得至少七～八位數字，但是進入到九或十位的數字就會感到困難。不過照比例來說，記得七～八位數字的朋友，智商應該也至少有115～135之間吧！

反覆的效果

紐約神經生理學家埃里克‧坎德爾發現，海蛞蝓對於不愉快的碰觸記憶非常敏感，被招兩次時，記憶只會停留幾分鐘，但是如果被招了五次，就會永遠記住這個感覺。（參照《強記力》第57頁）

圖片比較好記

有一個常被引用的圖像辨識實驗，給受試者看1萬張圖片，每張圖片只能看一次，總共花了1星期才完成，實驗結果發現受試者居然能記住八成以上的圖片。後來又有類似的實驗，測試內容非常相似的2千5百張圖片，例如一疊5元及一疊1元的紙鈔，居然還有將近九成的正確率。（參照《記憶人人hold得住》第47～48頁）

適度變換學習環境

你是否都在同一個學習環境唸書？例如圖書館、K書中心、補習班、自己房間？

分享一個實驗，加州大學柏克萊校區的研究人員做過一項老鼠的實驗，將老鼠分成兩組，一組生活在豐富多變化的環境，有滾動輪、鞦韆、跑道等玩具，還有許多老鼠的陪伴以及研究者的關心，稱之為「富有鼠」；另外一組則是「貧窮鼠」，只提供基本的食物需求，沒有任

何娛樂，生活環境枯燥無趣。最後，分別解剖兩組老鼠發現「富有鼠」的大腦比較大。

　　類似的實驗也驗證一樣的結果，相較於「貧窮鼠」的腦部，「富有鼠」多出了 20% 的樹狀突（神經元的連接點）。而且這種現象並非只在年幼的老鼠身上發現，中年老鼠也可以發展出新的樹狀突。（參照《記憶的秘密》第 126 ～ 127 頁）所以，即使年紀大也別擔心，只要透過學習環境的變化就可以提升記憶能力。

　　筆者平常在辦讀書會的時候，會常常更換讀書會的地點，因為我覺得透過環境變換的刺激，可以讓大腦一直保持著充分的活力。從上述實驗來看，適度變化學習環境，可以讓自己的記憶力更強，同時透過環境的變化，讓學習的過程更加開心，每次都像是旅遊一樣，讓讀書不再是一件苦差事。

J・雅各斯的系統性實驗

下列每一行數字，只能看一遍，看完之後就遮住，而且要大聲、緩慢地唸出每一個數字，且每個數字之間要停留 1 ～ 2 秒，接著再填寫在右邊的空格處：

數字長短	數字內容	請寫下你記憶的部分
4 位數字	3782	
5 位數字	25391	
6 位數字	389440	
7 位數字	8930362	
8 位數字	90251283	
9 位數字	389103338	
10 位數字	7857318371	

不會記憶方法，
而非不能記憶

記憶力與年齡無絕對關係

記憶力跟年齡的大小並沒有絕對的關係。很多上了年紀的人在忘東忘西時總是怪罪於年齡，事實上當你因為年齡而認為記憶力不足時，將會產生惡性循環，造成大腦不願意記住該記的東西，健忘的情況將更嚴重。

筆者在許多大學兼任教書過，也在不同的學校與學生玩起記憶訓練，或許你會認為名校學生的記憶力一定比較強，結果發現並非如此，不論是傳統名校或者是比較差的大學，學生在記憶上的表現都差不多；也就是說有些學生學業上的表現比較差，主要的原因還是學習的過程與環境，大多數的學生的大腦運作都應該差不了多少。

電視上的記憶專家都是天才？

也有些人說記憶能力是一種天分，這也不是完全正確的觀念。

曾有個記者，每次上班開會都不做筆記，主管最後受不了，把這名記者叫到旁邊訓了一頓，告誡開會時要將重點記錄下來，才知道今天該做什麼事情、該跑什麼新聞。這名記者丈二金剛摸不著頭緒，把剛剛開會重點詳細地說了出來，主管嚇了一跳，才發現這位記者記憶力非凡，根本不瞭解開會為什麼要做筆記，因為他輕輕鬆鬆就能把所有事情記在大腦中。

當然偶爾會出現這種記憶天才，但從各種書籍文獻中可以知道，這種人才即便有也是少數。不過，只要你能夠學會本書所提到的記憶

法，並活用於想要記憶的法律條文，就會發現記憶法只是一種「工具」，與天分能力並沒有太大的關聯。

　　所以請修正一下觀念，**不是不能記憶，而是你還沒學會有效的記憶方法。**

魔術般神奇的金庫密碼

　　第一次受到震撼的情境，是在電視上看到有人居然能將所有的金庫密碼記起來。下圖是開保險箱的密碼，要在 2 分鐘之內把所有的密碼記起來，2 分鐘之後，在觀眾面前展示將密碼「方向＋數字」依照順序說出來，不能出錯否則就無法打開金庫。

　　看著電視上的參賽者，很輕鬆地記住了十組，甚至二十組密碼，腦袋昏昏的我能記得五組就不錯了，對比參賽者的超強記憶力，深深覺得一定是這些人的媽媽賜給了他們神奇的記憶力。

　　別羨慕別人會記憶開鎖密碼，左 08、右 06、右 12 ……，運用記憶方法，結合圖像在大腦產生清晰的影像，當你學會了這些技巧，透過適當的訓練，也可以成為令人羨慕的記憶專家。

　　有人批評這些訓練沒什麼意義！除了犯罪集團，恐怕也很少人會去記金庫密碼。從這個觀點的批評或許沒有錯，但記憶法運用得宜，還是可以使用在許多地方，例如本書的領域「法律記憶」。

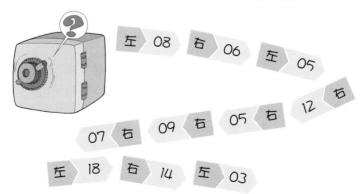

大腦，會幫你篩選內容

細節太多，無法一一處理

我們生活中充滿了各種細節資訊，每天都會透過視覺、聽覺感受這個世界，當這些資訊大量進入大腦時，大腦並無法照單全收，只能自動篩選記憶重點，剩下的細節全靠大腦的想像力以及既有知識的預期判斷，來填補這些資訊上的空缺。

舉個例子，知名的德國心理學家繆斯特貝格，曾經以自家遭竊的經歷來解說，一開始作證的時候，自信其有敏銳的觀察力、擅長記憶各種客觀的知識、講課從不帶小抄，但在回憶遭竊細節的證詞中，最後卻發現錯誤百出。

當時他無意間聽到警察的談話，警方表示竊賊有可能從天窗闖入，結果這一個訊息深入了他對於犯罪現場的記憶，也讓他提出竊賊從天窗闖入的證據，但事後證明竊賊是從前門闖入；接著還有提到二樓的蠟燭痕跡，但事後卻發現該痕跡是在閣樓。所以一般人無法記得每個細節，而大腦會杜撰細節以彌補記憶的缺口。（參照《潛意識正在控制你的行為》第84～89頁）

總之，大腦的運作並不會100%完美地記憶，反而是藉由「創造」達成處理大量資訊的能力。

大腦的模糊辨識系統

讓我們來看以下這段文字……

> ### 研究示表，漢字序順並不定一影閱響讀。

你是否看得懂呢？仔細一看，是否發現這段文字的文法有明顯錯誤？但你還是看得懂，這就是大腦實際運作的結果。

有位記憶專家史洛歇夫斯基可以巨細靡遺地記得所有發生在他身邊的事蹟，包括很多年前雲朵變化的景象，某個與其會面人物的穿著與談話內容。不過，太多細節反而會影響大腦的理解能力。

例如一個人的外觀，一般人只會記得大概的輪廓與形象，但是擁有超級記憶的天才，卻可以把每一個人不同的表情都記憶起來，反而無法從一張照片中找到適合的人。（參照《潛意識正在控制你的行為》第 90 ～ 91 頁）

同樣地，如果每句話的每個文字都記得一清二楚，也是一大困擾，因為見樹不見林，反而會造成無法理解所要表達的內容。

一般人在聽對方說話時，通常只要抓住語言內容的主要架構與特質即可。大腦進化的過程，已經在理解力與記憶力之間，尋求一個比較完美的平衡，過與不及都不適合。

大腦對文字的記憶實驗

在《大腦騙局》第 116 ～ 119 頁和《潛意識正在控制你的行為》第 91 ～ 93 頁都提到這個稱為 DRM 的實驗 (取自發明這項實驗的 3 位科學家名字的字首)，讓我們也來感受一下自己的大腦是如何運作的。試著看看以下的 DRM 實驗：

請記住以下字詞

運動、賽跑、流汗、跑、鹽水、馬拉松、汗水、休息、汗、慢跑、濕毛巾、水分、酸痛、飲料、長跑。

前一頁我們提到了 15 項字詞，以下哪一個名詞有出現過？

流汗、跑步、水、運動飲料

這一題可以單選，也可以複選，先不要急著往前翻，試著用你強大的記憶力來思索哪一個答案最正確。

我想經過一段認真思考之後，一定可以謹慎地找到答案，記得答案不一定只有一個，也可以複選喔！

大多數的人都可以很確定「運動飲料」並不在上頭，因為四個字的詞彙似乎沒有出現在剛剛的 15 項字詞中。但是「流汗」就不太確定了，通常有些人會確認有這個名詞，當你翻到前頁，當然也會發現確實出現了這個名詞。

跑步，有嗎？可能很多人就會選擇錯誤。

水，有嗎？可能也有很多人確認有這個名詞，但翻到前頁卻發現沒有這個字。

為什麼會有這樣子的結果呢？這跟記憶的程序有關係，因為人在吸收大量資訊的時候，除非使用記憶法，否則只會透過「抽取精華」的方式，將某個名詞的特質抓出來放在大腦中，接著再將腦中所建構的濃縮內容與選項相比對，這也就會產生許多錯誤。

從這個測驗來看，也難怪在警方要求被害人指認嫌犯的過程中會發生許多錯誤。因為被害人即使看過犯人，卻因為所記得的只是大概的輪廓，再透過印象指認嫌犯的照片或本人（通常是 3～5 人），如果剛好有面貌相似的人，就很可能會產生錯誤。

●筆 記●

為了保命，記憶力特別好？

電影「錦衣衛」中，有一個橋段與記憶法有關……

青龍幫喬花買好衣服，受寵若驚的喬花以為青龍愛上她了，於是當青龍叫她假扮男裝去驛站找賈精忠的人，喬花毫無察覺這是生死一瞬間的險地，還好記憶力救了她一命。

喬花一走進驛站，官吏喝令：「幹什麼的？」喬花說了句讓所有人愣住的一句話：「我找賈精忠！」

這可不得了，公公的名諱怎能隨意讓人喊出來？官吏又斥喝問道：「你是誰？」

喬花一聽，怎麼和青龍交待的一模一樣……

於是就將腰際的那封信拿給了問話的官吏，對方打開，看到信中寫著斗大的四個字：我是青龍！

馬上很震驚地大嚷：「把他圍起來……」

眾人遂將喬花圍起，搞不清楚狀況的喬花，只好定下心來，應付這數十把指著她的利刃……

官吏大聲喊道：「青龍，天堂有路你不走，地獄無門你硬闖！」

喬花不知該如何回答，想起在澡堂中聽到青龍告訴她的一段話，於是回答著：「錦衣衛本來就是一條有進無退的路！」

好險，這一段對白還記得，暫時以氣勢唬過了這幫人。

這領頭的官吏也不知如何是好，只好繼續問：「說！到底找賈公公有何事？」

　　這喬花還是不知道怎麼回答，又想起青龍告訴她的一段話，緩聲答道：「我從來不問緣由，只問時間、地點、何人。」

　　領頭的官吏雖被這回答唬得一愣一愣的，但還是很不耐煩地斥喝：「青龍，你還想在我驛站為所欲為嗎？」

　　只見喬花把最後記得的一段話說了出來：「完成任務，是我們作為錦衣衛唯一的尊嚴。」

　　最後，眾人一擁而上，喬花只好轉身落跑……

死亡前的冷靜

　　這個橋段還有一個重點，就是當生死交關之際，屎滾尿流並不會讓你逃離活命，唯有讓腦袋冷靜下來，輕鬆面對每一個挑戰，才能在刀口下拾回那苟存的生命。

　　在《記憶的風景》這本書中，提到了許多還印象深刻的年少回憶，這也觸發了我去思考到底哪一段記憶是最初記憶，人生中有哪一個經歷最讓我印象深刻。

　　上述電影「錦衣衛」的橋段，假設是真實發生，應該跟愛情有很大的關聯性，並且在高度壓力下，反而讓自己進入到接近受催眠的狀況，而可以記起許多關鍵對話。就像是電影「藥命效應」一樣，吃了藥之後，可以把過去所有的知識整合起來，迅速成為能解決現在困難的知識。

專注力

大腦進入「α（Alpha）波」狀態

　　試著回想一下自己唸書的經驗，是不是有時候會進入極為專注的情況，那時候的讀書效果特別好，可能只花1小時，但學習效果比東張西望、漫不經心時還要好上很多倍。

　　很可惜，大多數的學習者，主要的學習時間都是處於不專心的狀況，記憶效果當然就差很多了。

　　讓我們看一下右頁表格，腦波主要分成四種類型，其中最適合閱讀的時候，是大腦進入「α（Alpha）波」的狀態。像是我們有時候坐在軟沙發上，什麼都不做、腦袋放空，這時旁人跟你講話都沒有反應，對於時間的經過也沒有感覺，似乎在這一段時間裡，整個世界就只有你一個人。

　　首先，我們可以有兩種方式進入「α（Alpha）波」的狀態：

　　一、早上5點半起床看書：

　　一大早起床，大腦會從「δ（Delta）波」轉變為「β（Beta）波」，這時候就會經過「α（Alpha）波」的階段。所以，各位可以試試看，早起來到書桌前把書翻開，是否感覺大腦思考很清楚，再加上沒有手機、沒有人聲的干擾，學習效果應該很不錯。只是這樣子的狀況，大概只能維持到早上7點，然後又進入到思緒紛亂的狀況。

　　二、平常閱讀的習慣：

　　必須透過一些訓練，才能進入專注力集中的狀況，下一段就告訴你如何進入精神專注的狀態。

類型	腦波	清醒程度	特徵
β (Beta) 波	13 赫茲 (Hz)	最清醒	注意很多事情
α (Alpha) 波	8~12 赫茲 (Hz)	冥想： 螢幕保 護程式	注意力集中， 對時間無感
θ (Theta) 波	4~7 赫茲 (Hz)	淺眠： 待機	靈光乍現
δ (Delta) 波	0.5~3 赫茲 (Hz)	沉睡： 關機	無意識

進入精神專注的狀態

平常閱讀時要進入「α（Alpha）波」的狀態，必須接受一些基本的「放鬆訓練階段」，如同要進入睡眠前的放鬆一樣，此一階段主要有幾個重點：

一、肌肉放鬆：

（1）首先將雙手握拳，維持8秒鐘，並且逐漸用力，然後拳頭放鬆，連續三次。

（2）坐在椅子上，將兩腿伸直不要彎曲，腳板打平，然後將腳尖往自己身體的方向內扣，讓大腿與小腿的肌肉緊繃，一樣維持8秒鐘，也是逐漸用力，然後放鬆，連續三次。

二、深呼吸：

（1）在身體放鬆之後，接著要進行腹式深呼吸，這時候最好平躺為宜。

（2）右手放在肚臍下3公分處，深吸一口氣感受肚子鼓起，然後吐氣，感覺肚子像氣球一樣消風，一次大約6秒鐘，連續三次。

（3）接著可以上Youtube找一些「自我催眠」的影片，影片通常會帶領你感受從頭到腳每一個部位放鬆的過程。這些影片通常時間很長，剛開始練習時可以操作20分鐘即可，到後來動作熟悉了，可以不依靠這些影片，自己把眼睛閉起來，連續三次深呼吸，應該可以達到一定的效果。

三、放鬆的儀式：

電影「高年級實習生」中，勞勃狄尼洛飾演的男主角Ben，第一天上班的服裝與動作在年輕人掌管的網路企業裡顯得非常突兀。

首先，穿著正式西裝的Ben，從經典的辦公皮箱裡拿出筆、計算機和傳統手機，並由左至右一一放置在辦公桌上，代表「工作模式」的啟動。

　　這一個儀式很重要，如同哈利‧卡本特在其著作《操控潛意識，訓練更厲害的自己》所述，當熟悉整個放鬆過程，以後只要一個儀式「1、2、3、Alpha……」，不必再反覆將每個肌肉唱名，即可進入「α（Alpha）波」的狀態。

　　就像是我們在電視上看到催眠師只要喊「1、2、3、睡著」的指令，被催眠者就可以迅速進入催眠狀態是一樣的概念。

　　以筆者為例，最初先有20分鐘左右的「放鬆訓練階段」，訓練完畢後會開始進行一些簡單的「放鬆儀式」，像是先放考試幸運物，把紙筆依序放好，然後雙手合十祈求上蒼賜給我專注力，接著就可以專心閱讀；隨著逐漸熟練，並在大腦植入「閱讀模組」，以後可以逐漸縮短「放鬆訓練階段」的時間，甚至直接省略，只要把東西擺好，就可以讓自己進入極為專心的模式。

調整唸書環境

遠離電視

唸書環境很重要，第一個是關掉第四台，甚至是退掉第四台的申請。以筆者的經驗為例，早年申裝第四台，每天晚上都要看重複播放的國片才能睡著，浪費許多學習的黃金時間；後來狠下心切斷第四台，只安裝數位電視，因為數位電視只有20台，內容也不太好看，頂多看一下財經台，也因此多出許多時間來學習。

唸書時不要看手機、電腦

在大學教書的時候，學生常常因為滑手機而影響學習。通常我不會直接罵他們，因為滑手機容易上癮，而有趣、美好的經驗會促使大腦多巴胺的分泌，促使人們不斷地重複該行為，不做就會不舒服，然後像是半夜看第四台一樣，不把電影看完就睡不著的行為模式。

我會把大腦釋放多巴胺的運作原理告訴學生，先讓他們瞭解。然後讓學生思考剛剛滑了什麼內容，是不是點點讚、看看照片，有沒有能讓自己成長的實質內容，還是只是讓自己不斷養成滑手機的習慣，這些訊息有急迫性嗎？

當學生搞懂整個大腦運作的過程，就可以比較理性地做出控制行為，也願意暫停滑手機的動作認真聽老師授課。當然有時候還是會忍不住滑一下手機，老師要立即提醒學生怎麼又滑手機了。經過幾次提醒，通常學生可以逐步改善上課滑手機的惡習。

如果把手機改成傳統型手機，當然問題就解決了。

維持單純的閱讀環境

接著桌面要整潔，不要有容易分心的雜物，否則即使進入到「α（Alpha）波」的狀態，還是有可能因為特殊物件而分心。還有一件事很重要，書桌不要在床的旁邊，長時間看書會很辛苦，很容易讓自己躺著看書。一開始會想只躺著看 10 分鐘，可是慢慢地會寬容自己的行為，躺在床上看書的時間逐漸增長，反而影響讀書的效率。

正確的閱讀應該是背脊打直，椅子坐 7 分，才能長時間的閱讀。

遠離電視、手機與電腦，維持單純的閱讀環境。

建立正確的閱讀頻率

90/20 的閱讀頻率

有時會發現自己能夠專注閱讀，然後就會想多看一段時間，連續看3、4個小時，直到吃飯時間才離開座位。這種閱讀情況只能偶一為之，不要長久維持，因為長時間久坐會影響身體健康，接著愈來愈無法將背脊打直唸書，慢慢會轉移到床上躺著看，久而久之身體會愈來愈衰弱。

個人建議的時間配置是閱讀90分鐘+休息20分鐘。

如果能夠進入精神專注的狀態，而且坐姿正確，90分鐘的學習可以達到極大的效果；接下來的20分鐘可以隨處走走、短暫運動，找讀書會的夥伴討論一下剛剛學習的內容，甚至看看課外讀物也可以，同時具備休息與獎勵的功能，建立一套「專心學習→運動健康（獎勵）」的優質學習模組。

頭尾5分鐘的思考期

「事前預習、事後複習」雖然陳腔濫調，但又有多少人可以做到呢？

執行頭尾5分鐘的學習計畫，例如早上09：00～10：30要看民法總則，那麼09：00～09：05這前5分鐘可以先思考一下民法總則的大架構、上為概念，快速地在大腦中思考一遍。

如果有不必翻書就可以思考完的內容，就不要翻書看，因為大腦思考的速度絕對比眼睛看書的速度還要快，真正的高手應該是書還沒翻開，就有「咻一下」已經看完的感覺。最後，在10：25～10：30

短短5分鐘的時間，再回憶一次剛剛唸的內容。

　　如果有不懂的地方，先不急著翻書本，讓大腦冷靜思考，說不定就能想通了。因為一直看書是無法解決問題的，而大腦要在獨立、冷靜的情境下才能進行分析判斷，一直看書反而會受到資訊的影響讓大腦無法運作。

對著鏡子進入「分享模式」

　　最後5分鐘，可以搭配休息的20分鐘，進入「分享模式」，想像自己是大學教授、補習班老師，面對著幾百位張大眼看著你的學生，該如何將學到的知識，咀嚼後有系統地分享讓學生瞭解，如果有一塊白板會更好。

　　人在要表達一些內容之前，會在大腦挑選素材，在挑選素材的時候，也正是將雜亂的知識重新組合的過程，可以讓自己的知識加以歸納整理。如果講出來感覺卡卡的，沒關係，代表這邊的學習有點狀況，知道問題才有機會解決問題。如果只是單純的看書、背書，很容易有許多漏洞而不自知，唯有透過「分享模式」的練習，才能發現學習上的缺失。

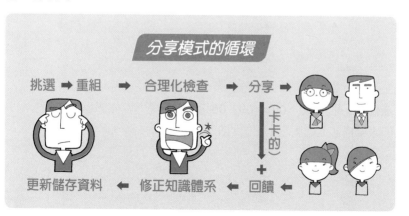

分享模式的循環

挑選 ➡ 重組 ➡ 合理化檢查 ➡ 分享 ➡

（卡卡的）

更新儲存資料 ⬅ 修正知識體系 ⬅ 回饋

第 2 篇

法律記憶法的設計理念

　　一般記憶法好像淪為記撲克牌順序、圓周率小數點後的數字，或開啓金鑰密碼，也可能像是電影「即刻救援2」一樣，利用記憶法記得自己被綁架時經過的路，而且在歷經猛烈的打鬥過程依舊不會忘記，或者像是電影「摩登如來神掌」中，為了換取漢堡而要當衆背出「大俠愛吃漢堡堡……」的背誦遊戲，甚至是電影「全面啓動」中被植入記憶的橋段。

　　當然我們不希望被記憶法綁架，實務應用上也好像只是在學習英文單字、歷史年代等內容，甚少有人發展法律領域的記憶法。而法律的獨特性使得法律記憶法也必須從特殊的角度切入才有效果，本篇將談談本書的設計理念。

本篇大綱

本書的定位

法律學習三階段之第二階段教材

筆者的法律小屋部落格一直致力於法律條文的圖解化，首先是建立理解的階段，也已經寫了很多本圖解法律的書籍。

而第二個階段，也就是「記憶」的階段。畢竟這是一個強調有效學習的社會，比別人更有學習效率就如同自己開快艇，而別人用力撐木筏，兩者間的速度差異很大，到達目的地之時間也會天差地別。當然不但要記得快，還要忘得慢。

第三個階段：「運用」在國家考試中，主要是如何快速且精準地解答申論題以及選擇題，市面上已經有相當多的類似書籍可供參考。

而本書的定位是上述三階段中第二階段的教材。

本書採用雞尾酒記憶法

為什麼取名叫做「雞尾酒記憶法」？

還記得何大一博士針對愛滋病所採行的雞尾酒療法嗎？也就是當沒有一種單一療法可以有效治療愛滋病的時候，嘗試服用各種現行的藥物，還是可以達到一定的療效。

同樣地，本書並不限於特定的記憶方法，不管用哪種記憶方法，只要能讓學習法律者將法律條文或相關法律知識刻印在大腦就對了。先不求全部背起來，但條文的重點都要記得。在此特別強調，記憶法並不是看過一次就不需要複習；記憶法是以讓你的記憶效果強化2～5倍為目標，並且延緩遺忘的時間與比例的技巧。

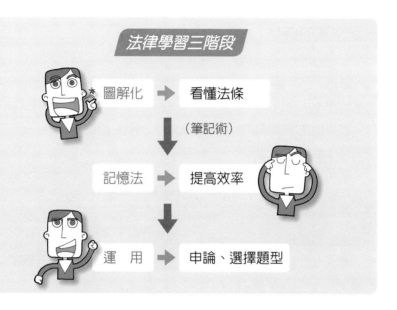

親身體驗之重要性

記憶法的學習跟騎腳踏車一樣，也是要親自體驗，只看別人騎車是無法學會的。這一套課程（法律記憶法）一直透過臉書、部落格、LINE 等社群平台以文字方式免費分享，可是能直接看得懂的人並不多，但只要上過分享課程，幾乎都能快速吸收。（LINE：m36030）

總則型教材

由於目前還無法完整設計出單一科目的記憶法，所以本書並不限於單一法律學科，而是以各種記憶法的使用為基礎內容，結合成一本名為「圖解法律記憶法」的書籍，而不是如「圖解刑法記憶法」、「圖解刑事訴訟法記憶法」這般專門之書籍。

對記憶法的感想

記憶力不太好的老師，更能教好記憶法。

筆者一直不是記憶力很好的人，在學習法律的路上，也因為記憶力不好而使得學習效率不高。但也因為如此，才讓筆者更想學好記憶法。如果能夠順利開發出記憶法的教材，對於法律教學將是一個很重要的里程碑。

還記得有一次在某補習班上刑法課，補習班老師誇耀自己能過目不忘，對於過目馬上忘的我，當時還真是羨慕。但時至今日回想起來，只是覺得這位老師自己講得很高興，但卻不告訴學生怎麼記憶，對學生一點幫助都沒有。出版這本書的目的，也是希望透過書中經驗的分享，減輕讀者學習的負擔，不要再用錯誤的方法讓自己學習成效不彰。

記憶法不是魔法

記憶法就像魔術，不過就是一些特殊的技法，經由事先的安排，最後呈現神奇效果的一種魔幻手法。點破其中的秘訣，也就沒有什麼好稀奇了。無論是背出圓周率小數點後的1000個數字、記出3副打散撲克牌的順序，或順利背出20組金庫密碼，這些都沒有什麼，只要事先準備、多多練習，任何人都可以做到，甚至是打破前人的紀錄。

只是這些準備與技巧未必都適用於法律領域的記憶，這也是筆者必須努力的地方，把一些常用的記憶法技巧整合出一套有用的方式，應用於法律領域，來減輕法律學子的學習負擔，那該是多麼美妙的事情啊！

●筆 記●

不要花太多時間
記憶法條

　　法律條文很長、不好背，尤其是很多涉及順序的內容（有的高達十幾項，如刑訴的再審）非常難記，只要東西多了，連加重強盜罪四種類型都可能背不起來，但這並不代表你的記憶力不好，而是要背的東西實在太多了。如果花費太多時間在法條的記憶，那麼學習法律背後真正意義、建立正確邏輯推論能力及練習撰寫申論題型的時間，將有所不足。

　　還記得當初唸大學的時候，大家都會抱怨法律條文背不起來，甚至國家考試還會發法條給大家參閱，就是希望大家不要花太多時間死背法條。可是無論國家考試的制度怎麼發展，記憶法條還是無法避免。只是在那個年代，沒有人會教你什麼記憶法，頂多聽到關鍵字記憶法、佛經記憶法，要不然就剩下吃苦耐勞的反覆記憶法。

　　當年開辦國家考試讀書會的時候，學員問我怎麼樣才能記得住，當時的回答只能是「先理解、再記憶」，不懂條文很難死記起來，懂了就好記了。

　　但是如果現在再問我，可能答案會更豐富，除了「先理解、再記憶」之外，還可以加上「如果你把這個條文想像成×××，那就可以○○○」，或是篩選出重要的字詞，再用記憶法記起來。

　　所以善用記憶法，把這些知識變成長期記憶，是一件很重要的事情，唯有如此才能有更多的時間用在理解法律的內涵、蒐集資料與練習申論題。

記憶法的好處

這是你能夠運用的時間

這是學習記憶法前的時間：大多浪費在記憶

記憶時間	理解時間

練習申論

學習記憶法後，能有更多理解時間

記憶時間	理解時間	練習申論

傳統記憶法的種類較少	現代豐富的記憶法
● 反覆記憶法 ● 佛經記憶法＊ ● 關鍵字記憶法	● 圖像式記憶法 ● 記憶宮殿法 　―場所記憶法 　―童話故事記憶法 　―時事記憶法 　―電影記憶法 ● 箭頭記憶法 ● 文字拆解法 ● 法條結構記憶法 ● 故事記憶法……等

＊佛經記憶法：法條唸久了，會感覺有如佛經一樣有韻味，類似於唱歌記憶法。

質疑，是更強大的動力

仰賴記憶的人類卻質疑記憶的價值

有學生問：唸法律最重要的是理解條文的內容，不需要背法條，現在國家考試都有發條文？

這個質疑對我來說有點無情，可以說是最深層的質疑。但因為我也被質疑習慣了，所以通常都一笑置之。

10位法律學專家，大概有10位都會贊同不必記憶法條的論點，我猜想應該有這幾種可能：

第一：學術專家認為記憶是一種很低層次的生物行為，理解才是核心價值。

第二：既然有法典，翻一翻就知道法條內容了，何必還要記住法條呢？

第三：法律記憶法＝法條記憶法。

雖然學術上的法律專家嘴巴如是說，可是很多人又不是照著嘴巴說的去做，還是很努力地把條文內容、重要實務見解字號背出來，並且追求不翻書就可以講出內容來，以記憶來證明自己對特定領域的專業。這不是記憶，那什麼是記憶呢？甚至還有許多學校老師、補習班名師不帶教科書也可以將內容記起來，這不也是記憶嗎？

記憶方法，為何一定要與內容有關係？

先理解再記憶，也是本書建議的學習程序。

即使不懂內容，依舊可以有方法將內容記起來，但這並不是我建議的方法。只是有些朋友就從這個角度切入，開始質疑記憶的必要性，雖然我也不太懂為何要質疑？

讓我再舉一個本書也有提到的記憶方法，透過關鍵字記憶法將刑法第61條記起來：「三妾占妻性恐髒」，將這些關鍵字創造一個與條文無關的故事來記憶，而且法律界多年來都這麼記，並沒有人反對。而將此方法收錄於法律記憶法之中，忽然又有人認為跟理解內容沒幫助，根本不應該學記憶法，真的讓我搞不懂這個邏輯。

記憶法條有許多好處，例如民法第15-2條第2項規定：「第78條至第83條規定，於未依前項規定得輔助人同意之情形，準用之。」很多學生懶得翻法條，往往準用規定都不再去翻翻看，到底準用了什麼規定。如果學過一些記憶小技巧，可以立即在腦中想出條文的關鍵字：

> 78(單獨)、79(契約)→此兩條一組
> 80(80年代青年愛「催」牛：催告)
> 81(再見的諧音：消滅)
> 82(白鵝的諧音，拿了一隻白鵝回來：撤回)
> 83(詐術，與84特定財產處分、85度C獨立營業)→此三條一組

我就是82！

圖解的記憶法

　　筆者從《圖解民法》一書開始就已經繪製一些圖卡，以幫助讀者快速瞭解條文的意義。舉個民法第876條規定的例子：

民法第876條

Ⅰ 設定抵押權時，土地及其土地上之建築物，同屬於一人所有，而僅以土地或僅以建築物為抵押者，於抵押物拍賣時，視為已有地上權之設定，其地租、期間及範圍由當事人協議定之。不能協議者，得聲請法院以判決定之。

Ⅱ 設定抵押權時，土地及其土地上之建築物，同屬於一人所有，而以土地及建築物為抵押者，如經拍賣，其土地與建築物之拍定人各異時，適用前項之規定。

　　民法第876條第1項的情況，分別是房屋抵押與土地抵押兩種，然後發生悲慘的拍賣情況，可是問題在於只拍賣房屋或只拍賣土地，例如右頁最上面的圖，只有把房屋設定抵押，結果乙拍到那間房子，甲房子被拍賣當然很生氣，就把氣出在乙的身上。如果不給乙一些法律上的權利，甲當然會想盡辦法把乙趕走。為此，法律規定就讓乙取得地上權的權利，甲不得主張乙拆屋還地。

　　右頁最底下的圖，是房屋土地分別被兩個人拍定，這兩個人直接由法律賦予地上權之存在。

設定抵押

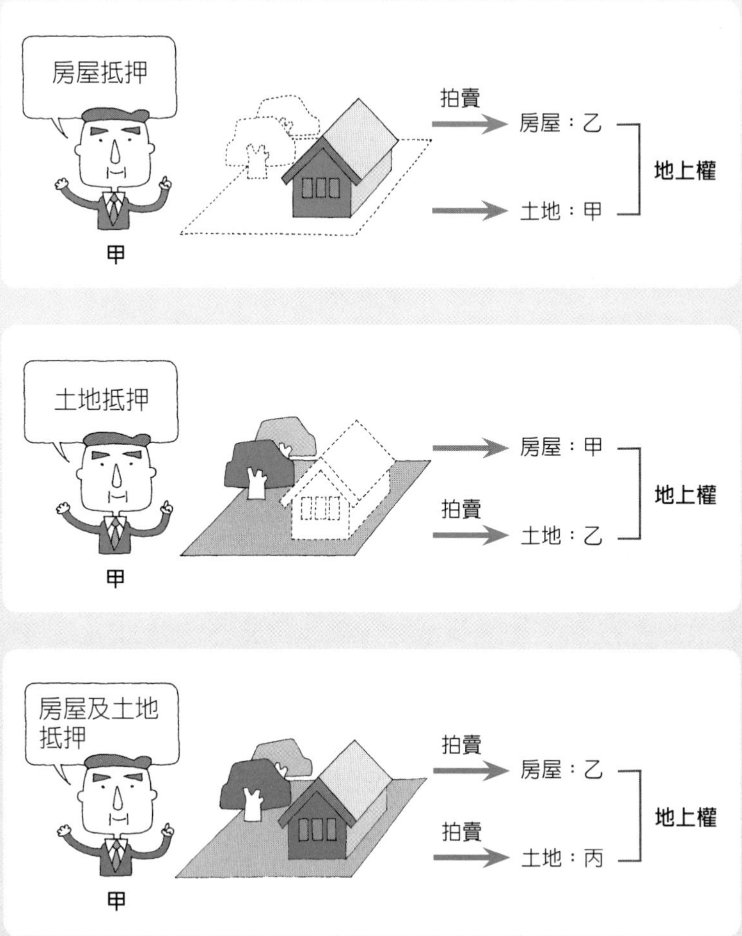
房屋抵押
拍賣
房屋：乙
土地：甲
地上權
甲
土地抵押
房屋：甲
拍賣
土地：乙
地上權
甲
房屋及土地抵押
拍賣
房屋：乙
拍賣
土地：丙
地上權
甲

換種畫法，再來一次

如果覺得前一頁的圖太枯燥了，為了讓自己理解，也可以嘗試畫一下這一個條文，右頁是民法第876條第1項規定的示意圖，也可以自己加一些顏色進行區分。（本書因為只是雙套色，所以無法呈現更豐富的色彩）

類似法條學習

在畫完民法第876條之後，有人提醒我這個條文跟民法第838-1條規定很類似，可以一起看一起學：

民法第838-1條

Ⅰ 土地及其土地上之建築物，同屬於一人所有，因強制執行之拍賣，其土地與建築物之拍定人各異時，視為已有地上權之設定，其地租、期間及範圍由當事人協議定之；不能協議者，得請求法院以判決定之。其僅以土地或建築物為拍賣時，亦同。

Ⅱ 前項地上權，因建築物之滅失而消滅。

簡單來說，這個條文與民法第876條第2項相接近，但是接近歸接近，兩者還是有兩個區別點：

第一，民法第838-1條規定，範圍是「因強制執行之拍賣」，而民法第876條第2項則是因抵押之拍賣。

第二，民法第838-1條第2項規定，地上權會因為建築物之滅失而消滅；但是民法第876條第1、2項則並無類似規定。

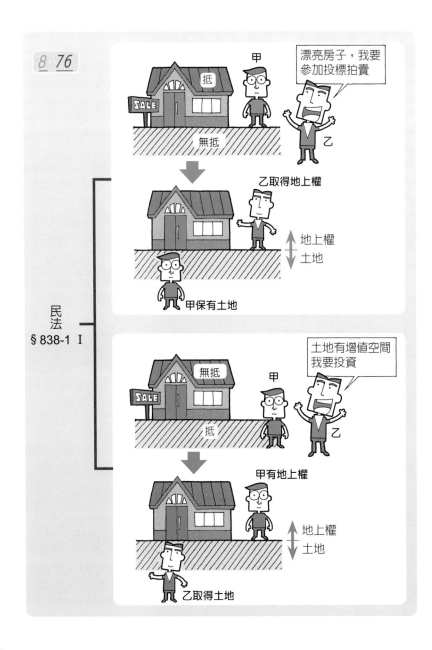

法條比對分析

　　利用一些簡單的電腦軟體，就可以協助你進行法條上的比較分析。例如前面提到民法第838-1條以及民法第876條規定之比較，可以先製成下表：

民法第838-1條	民法第876條
	設定抵押權時，土地及其土地上之建築物，同屬於一人所有，而僅以土地或僅以建築物為抵押者，於抵押物拍賣時，視為已有地上權之設定，其地租、期間及範圍由當事人協議定之。不能協議者，得聲請法院以判決定之。
土地及其土地上之建築物，同屬於一人所有，因強制執行之拍賣，其土地與建築物之拍定人各異時，視為已有地上權之設定，其地租、期間及範圍由當事人協議定之；不能協議者，得請求法院以判決定之。其僅以土地或建築物為拍賣時，亦同。	設定抵押權時，土地及其土地上之建築物，同屬於一人所有，而以土地及建築物為抵押者，如經拍賣，其土地與建築物之拍定人各異時，適用前項之規定。
前項地上權，因建築物之滅失而消滅。	

　　當你把兩個條文利用上列表格初步比較完成之後，還可以再進一步印出，或利用手工強化兩者之差異點，甚至是立法理由、實務見解、學說爭議都可以註解在上面。

進一步手工繪製加工

　　加些顏色標示差異點，以及哪邊是相同的，如圖中圈起來的地方就與民法第876條第1項相同。

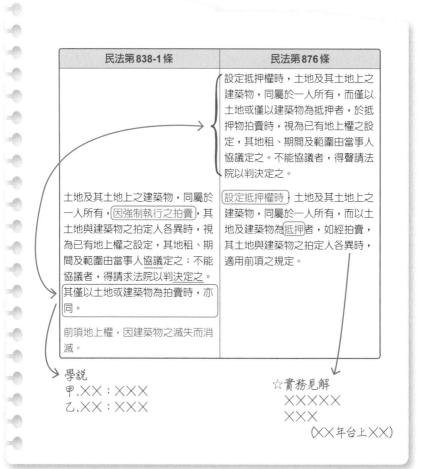

複習過去的記憶，只要 20% 時間

反覆記憶法是有極限的

如果量少，懶得利用什麼記憶法，使用反覆記憶法也可以。例如你要記一組電話號碼，剛好手邊沒有紙筆，可能只要記幾秒鐘，電話撥出去就可以留在通話紀錄上，多記幾次應該不會忘記，短期、少量，反覆記憶法就沒有問題。

但是法律條文要記得久、數量又多，就像是電影「駭客任務」中，男主角尼歐搭著太空船飛到機器人的國度，遭受數不清的機器人攻擊，即使他有著接近上帝的能力，仍依舊無法招架，更何況是面對著無窮無盡條文的可憐法律學習者們。

本書的目標

因此，本書希望透過記憶法的介紹，讓大多數的法律學習者、考生不要再花費過多的時間在記憶上，第一次多花一些工夫在理解與記憶，第二次、第三次的複習，甚至到第五次時，所需花費的時間不會一樣長，就有辦法達到愈來愈短、愈來愈快，這也是本書所要突破的學習瓶頸。

反覆記憶法並沒錯，只是效果不好

反覆記憶法，一定記得住，只是效果不好。

在《神奇有效記憶法》這本書的簡介中提到，記憶方法錯誤的青少年依賴填塞知識，死記死背、熟讀重看，造成「背了忘記，忘了再

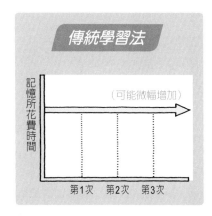

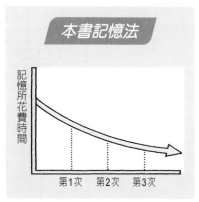

背」的惡性循環。它只有7～10天的短期記憶，即使年齡再輕，依然會罹患「年輕健忘症」、「記憶堵塞症」，最後喪失學習信心。

　　這段話點出問題的癥結。筆者在年輕的時候，網路資訊還不是很發達，當年國內很少如陳俊生老師推廣記憶法，所以也是如同這本書的簡介一樣，十年磨一劍，記不起來的就多唸幾次，好像是唸佛經一樣，唸久了總會背起來。再不行，就懸梁刺股、焚膏繼晷，上帝總會看到你的辛苦。

　　但是這樣子的方法，卻大大打擊學習的興趣。筆者學習法律近20年，在結束國家考試之後，有近10年的時間不願意記憶法條，造成法條的不熟悉，每次理解法律條文的意義時，總要反覆查閱資料後，才能進行條文的分析工作。

　　有人說，只要看個五十次，總會熟悉條文內容並「自然而然」地背起來。五十次，也許真的可以背起來，但問題在於沒有效率，而且法條又常修訂，如果一至三次即可記，何必要花五十次。

　　其次，則是記憶黏性不足，沒多久就忘光了，如同期末考抱佛腳一定得在考前一天，只要把答案寫在考卷上，知識立即還給老師，大腦不留下一絲證據，現在是該改變的時候了，就從本書開始吧！

找出條文的記憶線索

想像一下肉粽線頭，輕輕一拉，所有的肉粽都拉起來了。

記憶也是一樣，只要一個關鍵，就可以想起所有的內容，可以稱之為「記憶線索」或「肉粽線頭」。

舉個例子，民法第8條規定，一般失蹤滿7年後可以聲請為死亡宣告；80歲以上老人失蹤滿3年後可以為死亡宣告；遭遇特別災難者則為滿1年。此一條文可能考選擇題，例如遭遇特別災難者，滿幾年後可以聲請為死亡宣告？1年、2年、4年，還是8年？

剛看完條文的你，當然可以立刻回答出來，但民法1千多條，類似的問題一大堆，到最後一定會搞混。因此需要一些記憶線索，讓你在關鍵選擇之際能做出正確的選擇。

本條文有三個時間，7、3、1，可以想像成「7月31日，隔天就是8月」，不但可以記住條號，又可以將7、3、1這些時間正確無誤地選出來，不會選到2年，其餘條文內容只要能理解，就能慢慢地記起來。

民法第8條

I　失蹤人失蹤滿<u>7</u>年後，法院得因利害關係人或檢察官之聲請，為死亡之宣告。

II　失蹤人為80歲以上者，得於失蹤滿<u>3</u>年後，為死亡之宣告。

III　失蹤人為遭遇特別災難者，得於特別災難終了滿<u>1</u>年後，為死亡之宣告。

$$7+3+1 \xrightarrow{（隔天）} 8$$

（月）　（日）　　　　　　（月）

💡 中止犯：刑法第27條第1項

有一次在設計刑法第27條中止犯記憶法的時候，畫了一張圖案，但圖案的特殊性並不強烈，所以一直刻印不到腦袋中。很困擾地，而且過幾天是第一期的法律記憶法分享會，自己都沒有印象，該如何教會學員呢？

還好我總共有兩個版本，所以想說現場教了再說，看看哪個版本的反應比較好。結果我發現原始設計出來的版本，有個地方讓學員很有印象，就是「己意中止」。（如右頁）

簡單來說一下，我所設計的簡報檔：

背景：

有位老先生在參觀總統府時，突然想要拉一堆屎在總統的位子上，但突然有大批記者在附近採訪，雖然這些記者採訪的地方還離他很遠，老先生擔心明天上新聞，內心無比後悔，想要在便便造成損害之前中止其行為。

第1項前段：

原本已經開始準備要噴發出來了（已著手於犯罪行為之實行）

用力一吸，將大便縮起來（己意中止）或者是已經弄一堆在椅子上，就要趕緊找衛生紙擦乾淨（防止弄髒地毯而上新聞的結果發生→防止結果之發生）

（減輕或免除其刑）

記憶線索

刑法第27條第1項

已著手於犯罪行為之實行，而因己意中止或防止其結果之發生者，減輕或免除其刑。結果之不發生，非防止行為所致，而行為人已盡力為防止行為者，亦同。

設計腳本：老先生跑到總統座椅上廁所

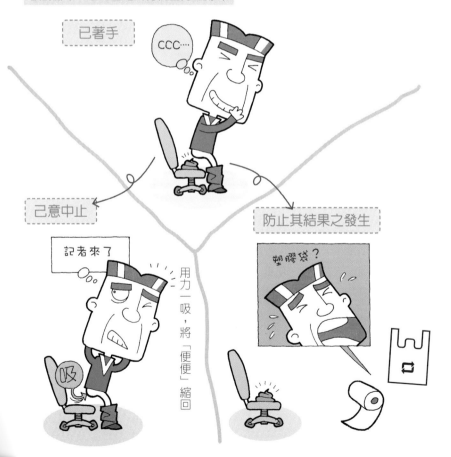

第1項後段：
　　便便還沒有造成椅子的損害（結果不發生）
　　是因為清潔工看到先打掃乾淨了（非防止行為所致）
　　老先生找衛生紙、塑膠袋找得滿頭大汗（已盡力為防止行為）

　　這樣子講解完之後，學生對於這個條文的架構就瞭解得差不多，比較有印象。為什麼我說「己意中止」這四個字，學員特別有印象呢？因為老師破壞了形象，把那種大便本來要大出來，但因為聽到有人要跑進來，擔心被發現，硬是從肛門口吸回去的感覺，透過自己的臉部表情，感覺好像就是自己幹的。

　　所以，當我做過幾次吸起來的表情，強調這就是「己意中止」，練習幾次之後，當我再做出吸起來的表情，食指指著學員，等待學員的回答，就聽到學員說……「己意中止」。

　　透過現場的授課，更能夠達到事半功倍的效果。

　　（註；第三版還是對於「己意中止」的梗印象深刻）

記憶線索

　　以後可能會忘記條文，若有埋設記憶線索（亦可稱為「定錨點」或「關鍵點」）於其中，就像是一拉肉粽線頭可以拉起整串肉粽，而一拉這條記憶線索，就能輕易地從繁雜的腦容量中導引出全部的相關記憶，也可以加快複習的時間。

記憶線索

刑法第27條第1項

已著手於犯罪行為之實行，而因己意中止或防止其結果之發生者，減輕或免除其刑。結果之不發生，非防止行為所致，而行為人已盡力為防止行為者，亦同。

非防止行為所致

我是清潔工，剛剛看到有大便，就擦乾淨了

是誰幫我擦乾淨？

結果之不發生

已盡力為防止行為

如何**閱讀**本書？

　　本書以教導學生如何記憶法律條文為旨，但因為希望傳授讀者建立記憶方式的脈絡去運用到各個領域，所以不以特定法律之順序為編排方式，而是以記憶法的分類依序介紹，因此裡面會涉及到不同法律的條文。

　　至於法律條文的介紹方法如下：

　　首先，會先列出條文。

　　其次，在學習法律條文之際，並不是靠記憶法硬記，最好的方式還是先理解法律條文的意義，再去設計與條文意義相關聯的記憶法。法律條文的意義與記憶法的內容不要完全不相關，也儘量不要差距甚大，否則恐怕記了條文，卻對條文的認知產生了誤解。但如果真的很有記憶效果，即使完全無關也無妨。

　　接著，則是參考本書所提供的記憶圖像（有些方法並非圖像）。

　　當然，最重要的是看圖卡的解說，通常都是很輕鬆有趣的內容，可以協助你更瞭解圖卡的記憶線索，並且嘗試藉由記憶圖像將條文的重點背起來，並且逐步將未列入記憶圖卡範圍的文字，也記入腦袋中。

　　最後，透過反覆練習，以後想到條文會先想到圖像，藉由圖卡的輔助，就可以將條文還原回來。

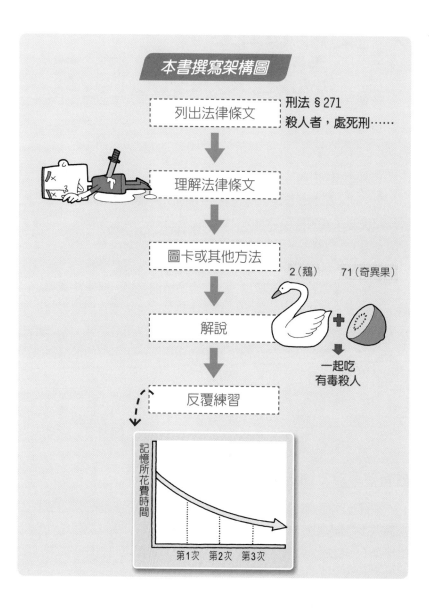

本書撰寫架構圖

| 列出法律條文 | 刑法§271
殺人者，處死刑…… |

↓

理解法律條文

↓

圖卡或其他方法

2（鵝）　　71（奇異果）

↓

解說

一起吃
有毒殺人

↓

反覆練習

記憶所花費時間

第1次　第2次　第3次

只要能**記住**，
就是好的記憶法

黑貓白貓理論

不管是黑貓白貓，只要是會抓老鼠的貓，就是好貓。

同樣地，**只要是能幫助你記住條文的記憶法，就是好的記憶法。**即使記憶專家表現得多神奇，像是能記得打散的撲克牌順序、圓周率小數點後1萬個數字，只要是對記憶條文無效的，都不是好的記憶法。

舉個例子來說，我一直以為關聯記憶法（有稱為環扣法、兩兩連結法）對於條列式條文的記憶，應該有不錯的效果，但是在實際使用時，卻覺得不怎麼好用。條列式的法律條文，通常沒有那麼多款，平均大約是十款以下，這時候關聯記憶法反而不是那麼必要，因為此法只要記得上下關聯的物品，可以像是鎖扣般，一個接一個地記得數百個毫無相關的物品。

但是，法律條文具有邏輯性，通常不會超過十款，如果採用與條文內容相接近的故事記憶法、電影記憶法或其他相似的記憶法，不但能記得法律條文，還能夠深入理解條文的意義。

最有效率的記憶法

如同比例原則的概念，<mark>同樣都可以達到效果的記憶法中，要找出最有效率的記憶法</mark>。所以當筆者提出許多創見時，或許記憶法社團的成員會不以為然，認為應該用XX方法更好，但都沒有關係，如同《記憶力倍增攻略》一書第18頁提到：「只要記得住，用什麼方法不重要。」

希望不只這幾種

好的記憶法，
資料會主動跳出來喚起你的記憶。
壞的記憶法，
你必須自己找時間、拿著資料去記憶。
但壞的記憶法只是比較慢，
還是有幫助的喔！

範例：透過不同方式理解：最高限額抵押權

　　最高限額抵押權一直造成我的困擾，以下分享我學習最高限額抵押權之思考過程……

一、聽聽別人的意見

　　首先我在臉書社團中抱怨這個「最高限額抵押權」的觀念實在很難學，馬上有許多朋友提供許多影片與文章讓我閱讀，看了大約20分鐘，大概抓出一個重點：「從屬性的不同」。換言之，普通抵押權之債權消滅，抵押權隨之消滅，但是在「最高限額抵押權」，即使單一債權消滅，抵押權還是不會消滅。此外，在普通抵押權之債權移轉，仍為抵押權效力所及，但「最高限額抵押權」則否。

二、接著來看看法條上的定義

　　先看民法第881-1條第1項規定：「稱最高限額抵押權者，謂債務人或第三人提供其不動產為擔保，就債權人對債務人一定範圍內之不特定債權，在最高限額內設定之抵押權。」對於一般考生而言，想要看懂這一段話都很難了，更何況要把它背起來！所以，先把它搞懂比較重要。

三、從買房子談起

　　你有買過房子嗎？大多數買房子的朋友跟我一樣都要跟銀行貸款，流程很麻煩：【找銀行→委託代書→銀行審核→同意20年貸款→房屋設定抵押】。

　　這個流程，有買過房子的人應該不陌生。

　　很幸運地，我當年「提早」繳完貸款的時候，要跟銀行要債權憑證，銀行小姐跟我說：「先生你可以先不要申請債權憑證，因為以後還是可以在此額度中借款，可以省很多程序……」

　　那時候有些聽不太懂，認為應該是不想開給我，有點生氣。但是現在再次看著最高限額抵押權的觀念，此刻回想起來，這位小姐應該是替我著想。因為如果我還清貸款後又想要借款（例如裝潢 100 萬），那可能又要重新跑一次流程：

【找銀行→委託代書→銀行審核→同意 20 年貸款→房屋設定抵押】。

　　如果還要申請什麼貸款，又要再跑一次流程：

【找銀行→委託代書→銀行審核→同意 20 年貸款→房屋設定抵押】。

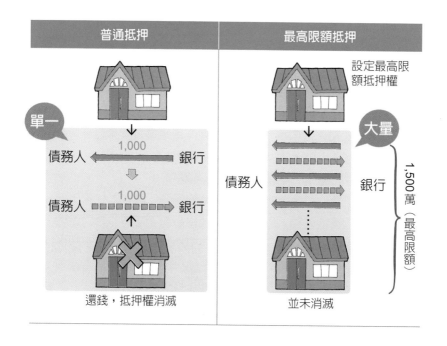

普通抵押	最高限額抵押
單一 1,000 債務人 ← 銀行 1,000 債務人 ▭▭▭→ 銀行 還錢，抵押權消滅	設定最高限額抵押權 大量 債務人　銀行 1,500 萬（最高限額） 並未消滅

如果是在同一家銀行申請，不只對雙方都很麻煩，而且還要多花好幾次的代書費用。所以，針對這樣子反覆實施特性的商業模式，逐想出來一個模式，就是不動產擔保的標的不再是特定的債權，而是變成在一定期間（例如3年內）產生的特定金額（100萬元）範圍。所以你可以借了還，還了再借，也都不必麻煩地一次又一次因為不同的債權而設定不同的抵押權。

　　如果看懂了這些，恭喜你瞭解「最高限額抵押權」之概念。

四、沒買過房子的怎麼辦？

　　可是很多法律學習者還是學生，或是沒有買過房子的考生，或許還是很難理解前面買房子的概念，所以讓我們用別種方式來理解。

　　回想每次感冒或生病都要去看一次醫生，結果自己身體屢弱，政府就引進流感，打完一次就可以免疫。換言之，就是打一次預防針，取代多次生病看醫生。

　　這樣子解釋還是不懂？

　　再換一個，讓我們想想閨房做愛好了，每做一次要戴套一次，如果是一夜七次郎就太辛苦了。不是做愛辛苦，是戴套辛苦，最後男方跟女方說：可不可以換你吃避孕丸，這樣子就不必一直戴套了。

用一次性的機制，來解決反覆實施的麻煩。

　　如果你不喜歡打預防針或吃避孕藥的例子，讓我們想看看日租型套房與長期租屋的差別。日租型套房通常是為了短期旅遊的遊客，而長期租屋像是出外工作者、學生，一次至少要租半年。日租型從【訂房→拿鑰匙→住宿→還鑰匙→退房】，一個月租五次，要五個循環；半年租三十次，要三十個循環。長期租屋則不必，一次搞定。

　　最高限額抵押權，也是一樣。

用一次性的機制，來解決反覆實施的麻煩。

記憶法

| 民法
§ 881-1 I | 稱最高限額抵押權者，

謂債務人或第三人提供其不動產為擔保，

就債權人對債務人一定範圍內之不特定債權，

在最高限額內設定之抵押權。 | 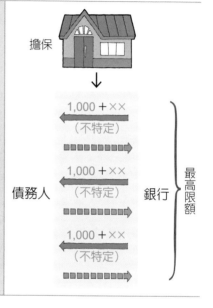 |

學會記憶之鑰，
才能開啟記憶殿堂

實際體會才知道是寶貝

我研究過很多記憶法的書籍，剛開始看的時候，總是不懂其中的奧妙，還有很多書畫了很多圖，甚至附上0～100的圖卡，筆者都認為很怪異，誤把寶貝當作垃圾。

後來因緣際會下學會了記憶宮殿（場所記憶）法、數字圖像卡，才發現這些記憶法的神妙之處。回頭再去看這些記憶法書籍，大多數都有教你關鍵方法，只是自己看不懂。

一把解開記憶法之謎的鑰匙

不知道是否是教授記憶法課程的老師們為了賺錢把這個神奇之術搞得太神祕，且搞得太有銅臭味。個人在研發法律記憶法的過程，總是感受到許多朋友、師長的質疑。

只能說時代的演變，讓大家逐漸失去了「記憶鑰匙」，我必須要多花一些時間讓大家重新找回這把鑰匙，才能進一步看到我所設計的「記憶創意」。否則一個充滿創意的法律記憶方法，若沒有那把鑰匙就好像是加密的文件一樣，看不懂；只有先取得我交給你的解密鑰匙，你才能知道法律記憶法的神奇之處。

記憶法課程不需要太昂貴

一般市面上看到的記憶課程，通常是在賣後續的課程，幾萬元吧！我個人認為是不需要也太貴了，一個課程大約3小時，基本概念應該就教完了，接下來的課程應該就是實際運用於具體知識中。

　　市售課程大多沒有應用於具體知識領域，例如本書應用於法律。所以就算是學了 3 個月，還必須要學習記憶的關鍵「創意」，才能應用於特定領域。

市售課程難以直接應用在法律領域

　　市面上有關記憶法的課程，通常都是先用很低的價格吸引你上門，當你有興趣的時候，就要花很多錢來購買整套教材，但卻不知道該怎麼應用在自己所學上，就算學會了，學到的也大多是教你怎麼記憶圓周率小數點後的數字，或如何把打散的撲克牌順序記起來，如何背英文單字等並不實用的技術。

　　以 ×× 網路書店販賣電子書閱讀器為例，先告訴你電子書閱讀器多好用，有多大的好處，希望你用很高的價格買到這個電子書閱讀器；等你拿到了這個閱讀器，卻發現背後根本沒有很多數位書籍可以下載時，這個電子書閱讀器就只是好看而已。花了一大堆錢，學了記憶法的課程，你還是感覺很傻眼。這是現在一般記憶法課程的問題──欠缺廣泛的實際應用領域。

第 3 篇

我走過的記憶法基本訓練

《記憶人人Hold得住》是一本讓我突破記憶學習的關鍵書籍。因為跟著作者的路邁進，從中瞭解其如何從一名平凡的美國記者，變身成美國記憶大賽冠軍。

瞭解別人的學習過程很重要，這也是本篇編寫的目的，分享筆者學習記憶法的過程與困境，當你碰到困難的時候，不會感到孤單，也可以參考一下我的經驗，看能否突破自己目前的困境。

本篇大綱

人生的第一個
記憶法練習

接著來談談我學習記憶法的過程，尚未接觸過記憶法的朋友，也可以從中瞭解我對於記憶法的看法：哪些記憶法對於記憶法條比較有幫助？這可以避免讀者學了沒有意義的記憶法，浪費時間又沒效率。

曾看過一個記憶練習範例，要將以下的內容記起來。

> **記憶內容**
>
> ① 兩隻腳坐在三隻腳上，
> ② 手中拿著一隻腳，
> ③ 有一個四隻腳的過來搶走一隻腳，
> ④ 兩隻腳把三隻腳丟向四隻腳。

這樣子直接記憶很困難，因為牽涉到不同數量的腳的搭配。若欠缺圖案印象，只單純依靠左腦的文字記憶，而且又欠缺意義性，是很難將之記憶起來。

如果將句子修改一下，並想像成一個圖像意境，將抽象觀念轉化為圖像就會比較好記，請參照右頁上方的記憶方法。換言之，將記憶內容變成一個人坐在椅子上吃雞腿，小狗跑來搶雞腿的故事，此圖像鮮明清楚，只要把故事再轉換成單調的文字，就可以輕鬆記憶。

當然這個範例是設計過的，不過同樣的方法還是可以應用在許多內容上，以提高自己的記憶力。這個例子只是讓你瞭解有效的記憶法如何運作，而自己可以透過圖像化，或者是將所要記憶的內容轉換成自己長期記憶的物品。抽象轉具體，算是最基礎的概念。

記憶方法

① 一個人坐在三腳椅子上，

② 手中拿著一隻雞腿，

③ 有一條狗跑來搶走雞腿，

④ 那個人把三腳椅丟向那條狗。

實際案例練習

3 3 1 9 1 1 9 2 1 9 1 8 7 7 3 1 9

這一串數字你可以記憶起來嗎？

除了死記之外還有什麼方法？

（參考本書第 **114~117** 頁）

能記得物品，又能記得順序

筆者曾在網路上看到一個設計過的案例，簡單縮減成五個名詞，大樹、耳朵、麥當勞、桌子、手套，分別依據其外觀的特徵，以1代表大樹，2代表耳朵，3代表麥當勞，4代表桌子的四隻腳，5代表有五個手指頭的手套。

名詞	圖像化	數字化
大樹		→1
耳朵		→2
麥當勞		→3
桌子		→4
手套		→5

即使不照順序來問，也一樣可以有答案，例如問第四個名詞，馬上可以藉由4想像到桌子的四隻腳，回答是桌子，第二個名詞，馬上可以說出是耳朵，這就是其中一種記憶法：將文字變成一定順序的數字，因為12345這些順序是不需要記憶的，所以只要記憶12345就可以將五個名詞記憶起來，而且即使不照順序或倒推回來，都可以說出該順序的名詞。

👁 重點提示

這是設計過的記憶方法，當你遇到真正的案例時，這樣子的方式是否能適用，就會有疑義。

實際案例：將物品與數字相結合

上述的案例是經過設計的，也不是每一種記憶法都能這麼順利圖像化，在此提出一個範例，裡面的名詞並沒有什麼關聯性，嘗試將物品與數字相結合。

記憶順序：從上到下、左到右。

時間：5分鐘

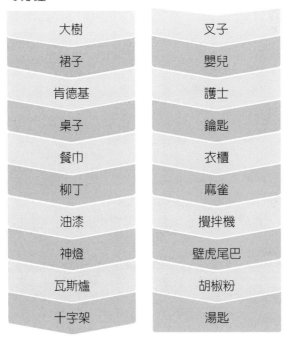

大樹	叉子
裙子	嬰兒
肯德基	護士
桌子	鑰匙
餐巾	衣櫃
柳丁	麻雀
油漆	攪拌機
神燈	壁虎尾巴
瓦斯爐	胡椒粉
十字架	湯匙

這樣子的範例，因為沒有經過特殊設計，對沒有受過長期訓練的同學來說，很難用有順序的數字來代表，這時候可以用圖像數字化，也就是將圖像與數字產生一定的關聯性。

請思考後，再翻到下一頁，參考本書的建議方法。

讓我們來練習一下：（腦中要產生圖像）

● 一棵大樹（1）

● 因為太大了，要穿兩件裙子（2）

● 才能上街買他最愛吃的肯德基，一次還買了三隻雞腿（3）

● 買回家坐在四隻腳的桌子上吃（4）

● 將桌子上摺疊成五芒星形狀的餐巾鋪在大樹的腿上（5）

● 吃完炸雞腿要配個水果柳丁（諧音6）

● 突然有人對他噴灑油漆（諧音7）

● 大樹很生氣找了他爸爸─神燈，希望找出潑油漆的兇手（諧音8）

● 找到壞人後，把他放在瓦斯爐上裝滿酒的鍋子，燒死他（諧音9）

● 然後拿起十字架對他禱告（諧音10）

● 再拿起只有兩根刺的叉子（11）

● 要餵食嬰兒（諧音 12）

● 護士說錯了，不可以用叉子。因為由上往下看護士的胸部，
　很像 13（13）

● 給你一把鑰匙（14）

● 打開衣櫃，這衣櫃很像梳妝台，從側面看像是 15（15）

● 裡面有一隻麻雀，可以說很溜的國語，能問出想要的答案
　（諧音 16）

● 麻雀說，你把下列東西用攪拌機一起攪拌（諧音 17）

● 包括壁虎尾巴（諧音 18）

● 以及胡椒粉，想像你倒入一瓶胡椒粉時，灑得整個廚房都是，打
　噴嚏打好久（19）

● 最後把攪拌出來的成品用湯匙餵給嬰兒吃，如果再用叉子餵，嬰
　兒會餓死（諧音 20）

👁 重點提示

以上是圖像加上數字順序的簡單練習，可應用於法條的項、款記憶上，但
實際效用不大，還不如使用記憶宮殿（場所記憶）法。

身體吊掛法：
買菜不必帶小抄

筆者感受到記憶法神奇之處後，就開始透過 Google 找尋可以強化記憶的方法。只是網路上的資料頗為雜亂，又不太願意花好幾萬元向記憶法專家學習，只能透過自己的研究，搜尋網路、看書，問記憶力好的朋友，慢慢找出記憶法的關鍵之鑰。

其中有一個蠻有趣的方法是「身體吊掛記憶法」，幾乎每本記憶法書籍都會看到。現在來練習看看，如果你要去採購右頁上方的 8 項物品。

剛開始看書介紹可以把東西掛在身上，有點搞不清楚在幹什麼，而且覺得有點「瞎」，不過再嘗試做過一次，就發現還蠻有短期性的幫助，適合用於買菜、購物時：

8 項物品

小　狗：腳踢到小狗【純粹記憶，與虐待動物無關】

保險桿：撞到膝蓋，好痛的感覺

　雞　：屁股坐在小雞上，感覺溫溫的，而且還想要逃走

游泳圈：放在腰際上，套上外套，感覺自己好胖

護　膝：放在肩膀上，等下打球的時候，可以保護肩膀

眼　鏡：刺穿脖子

領　帶：從嘴巴跑出來，好像殭屍的樣子

香　腸：塞進鼻孔中

吊掛記憶法

8 項物品

小狗、保險桿、雞、游泳圈、
護膝、眼鏡、領帶、香腸

　　雖然有書籍提到，某位記憶專家用此方法記得 5 萬多件物品。對我個人而言，目前還不太喜歡這個方法，因為第一次掛完之後，第二次、第三次再掛東西，容易搞混，可能要想辦法把先前的東西從腦袋中洗掉，才能達到記憶的效果。

關聯記憶法

　　你能否在2分鐘之內，把右頁表格中的10項物品，依照順序由上而下、由左而右記憶起來？

　　傳統中，要把這10項物品記憶起來，常用的記憶法如下，或可稱之為反覆堆疊式記憶法：

　　白板、手機；

　　白板、手機、紙杯；

　　白板、手機、紙杯、鉛筆；

　　……

　　（以下類推）

　　但是依據七加減二理論，要背到10個物品恐怕會有困難，尤其是對於記憶力已經被操到疲憊且厭惡的我，更是不太可能。可怕的是，如果把物品數量增加到20、50，甚至100個，怎麼可能記得全呢？

　　這時候恐怕傳統的反覆堆疊式記憶法無法勝任，而必須要轉換成另外一種記憶法，也就是本文所要說的「關聯記憶法」（有稱之為「環扣記憶法」），只要記得前後物品的關係，通常可以配合圖像卡，例如1、2結合成一個圖卡，2、3結合成一個圖卡放入腦袋中，只要圖卡印象夠深刻，可以正著背、倒著背，或是從中間背，都會很輕鬆自在。

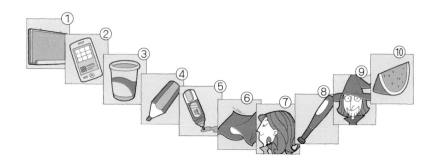

記憶內容

①白板　②手機　③紙杯　④鉛筆　⑤立可白

⑥絲巾　⑦頭髮　⑧棒球棍　⑨巫婆　⑩西瓜

　　電視台上出現過的物品記憶可能長達30個，主持人緩慢唸完之後，挑戰者就必須記憶完成，順著唸一遍，還要反著唸一遍，也可能是這種記憶法。

　　至於有許多金庫密碼大挑戰，還包括左右轉，密碼是數字，每兩個數字都有一個特定圖像，就可以創造出誇張的連結，可以加上序號的圖像，也可以透過關聯記憶法或記憶宮殿法（場所記憶法），不但可以知道轉動的方向與號碼，也不會忘記順序。

　　本例中，只有10項物品，不會太難，但是還要經過訓練，才會知道到底好不好用。

記憶內容

①白板＋②手機

②手機＋③紙杯

③紙杯＋④鉛筆

④鉛筆＋⑤立可白

⑤立可白＋⑥絲巾

⑥絲巾＋⑦頭髮

⑦頭髮＋⑧棒球棍

⑧棒球棍＋⑨巫婆

⑨巫婆＋⑩西瓜

　　剛練習此種記憶法時，我自己的記憶方法還不多，所以覺得這個方法還算好用，接著很高興地把這個方法應用到條列式的條文，剛開始也覺得效果不錯，但事後卻發現遺忘的比例頗高，相較於記憶宮殿法（場所記憶法）而言，此記憶法的「記憶黏度」就差很多了。

不同人適用不同的記憶方法

　　筆者曾請教一位中正博班的律師同學有什麼好的記憶法，結果他的回答是「禽獸記憶法」，用圖像來記憶女人的特徵。例如他曾開車在路旁看到一位陌生小姐，結果1個禮拜後又在路上遇到，還向律師推銷東西，這位大律師就說：小姐，上個禮拜你在哪裡出現穿什麼……。

　　當然，這位小姐是相當訝異，懷疑律師上個禮拜跟監偷拍她。

　　為什麼這位大律師能說出上禮拜的事情呢？因為上個禮拜用目光掃描過那個女人，然後就儲存在自己的腦袋中，有點像是掃描機，也有些像是錄影機的概念，只要掃過、拍過，就能夠儲存在自己的記憶體中。

　　當然這種方式對於特定人有幫助，有些人的腦袋配合眼睛，就像是錄影機配上鏡頭一樣，可以把看過的影像記憶起來，這種人的記憶力應該是相對強的，只是這種方法不一定適用在每個人身上。

　　就筆者而言，影像記憶區就很弱，甚至懷疑自己罹患「臉盲症」，如果路上看過一個女孩子，也許很漂亮很引人注目，但是看完10秒鐘後就會迅速從腦袋中消失，唯一比較記得的可能只剩下小腿曲線。

　　如同本書「大腦，會幫你篩選內容」的章節中所言，筆者的情況應該仍是正常，大多數人都只能記得一個主要的輪廓，這就是大腦運作的方式。本書並非提供一種能讓你的大腦異於常人的方法，只是介紹讓你順著大腦的運作方式去記憶，達到比較強的記憶效果。

初次感受
記憶宮殿法的神妙

　　記憶宮殿法，這是什麼東西啊？

　　這是我第一次聽到這個名詞的感覺。

　　知名暢銷書《記憶人人hold得住》，一個記憶力平平的記者喬許·佛爾，在採訪一年一度「美國記憶大賽」時，初遇2千5百年前即存在、如今卻只有記憶專家才使用的超強記憶術——記憶宮殿（又名「場所記憶法」或「旅程記憶法」）。在頂尖記憶奇才的指導下，喬許學會了記憶宮殿及其他記憶的方法，並參加美國記憶大賽，一路過關斬將，最終贏得大賽冠軍。

　　我不太喜歡看這種一大堆文字的書，但其他記憶法的書籍都看得差不多了，姑且以看故事的心態來看。這本書介紹了許多記憶的概念、許多專家研究的過程，還有拜訪許多天生記憶好手的經驗。當然重點是他如何誤打誤撞地成為世界大賽冠軍的經驗。

　　不過最讓我想知道的重點，當然是有沒有什麼記憶的訣竅！

　　很可惜，這本書提到的記憶訣竅大概不超過20頁，其他都是在講故事。不過這也夠了，因為記憶法真的不難，在這20頁中，作者很細膩地帶著讀者進入記憶宮殿的神奇之處，當然沒有讓人失望，因為進入記憶宮殿之後，就真正瞭解其中的神妙。

　　就如同學騎腳踏車一樣，學會只是一瞬間。我看過許多本來自認不可能記得，但在那「一瞬間」因為自己記得而驚訝的表情，這就是記憶宮殿（場所記憶）法的奇妙之處。

一段值得紀念的記憶法起源

　　喬許‧佛爾在《記憶人人hold得住》一書中，多次提到記憶宮殿法起源的一個傳說，後來查出是西賽羅（Marcus Tullius Cicero，羅馬共和國晚期的哲學家、政治家、律師、作家、雄辯家）在《論雄辯家》之中所記。

　　喬許的書對我的影響頗大，主人翁和我一樣都是一個記憶力普通的人，描述其跳進記憶法世界的歷程。且讓我引用其書中第18 ～ 19頁的故事，一同紀念西塞羅這一段可能真實發生的過去……

　　　　一場災變造成某個宴客廳上百人的死亡，大家忙著在慌亂環境中尋求生還者，也忙著在斷垣殘壁裡找尋屍體遺物。

　　　　在宴客廳倒塌之前，希臘詩人西蒙尼德（Simonides of Ceos）正在發表一篇讚揚貴族史柯帕斯的詩句，突然有名使者輕拍其肩膀，已經有兩名年輕人在外頭的馬背上等候，要傳送重要訊息給他，詩人甫跨出門檻，其所在的宴客廳居然應聲倒塌，所有賓客慘遭活埋，只剩下千鈞一髮之際，幸運離開大廳的西蒙尼德。

　　　　救援隊在倒塌的建築物中展開艱困的救援工作，缺乏現代重機具的當時，只能動用簡單的工具緩慢地挖出一具具血肉模糊且殘破不堪的屍體，也因此屍體辨認工作發生了困難，沒有錄影紀錄，誰還記得每一具屍塊到底屬於誰所有？

　　　　所有的希望都凝聚在西蒙尼德的記憶，也因為西蒙尼德之超強記憶，從此改變人們對記憶的看法。

（接下頁）

（承上頁）

　　西蒙尼德的大腦嘗試將時間倒轉，現實生活中依舊是斷垣殘壁的悲慘景觀，但是在其腦中，卻已經逐漸恢復成充滿笑語喧譁的宴客廳。這位永傳後世的詩人，在其位子上看到每位賓客的容貌，看見史柯帕斯坐在桌首開懷大笑，一位詩人朋友在其對面拿著麵包把盤裡的食物吃光，遠方一位貴族正與另一位美艷女士相談甚歡……，透過座位次序以及面孔印象而進行聯想，藉此分辨屍體是誰。

　　接著西蒙尼德張開了眼睛，一一唱名在場賓客的家屬，牽著心碎且哭斷腸的他們，跨過滿地的碎石間，走向他們心愛的人曾經坐過、站立的位置悼念之，只是在他們眼前的已經是瓦礫堆積的場所。

　　這一段小小的故事，也為記憶人士所津津樂道，在欠缺完整文字記錄傳承的古羅馬，靠著各種記憶力的訓練，不但保留了豐富的文史資料，也在這一場災難中，幫助所有不幸的家屬找回其親人的骨骸。

學術論文提到的場所記憶法

　　想要鍛鍊記憶力的人必須選好場所，把自己要記住的事物構思成圖像，再把這些圖像存入適當位置，以位置的次序維繫事物的次序，這些事物的圖像會指名事物本身，我們便可分別取用位置和圖像，一如我們使用書寫蠟板和寫在蠟板上的字。（引自Yates記憶之術，轉引自彭巧君碩士論文）

記憶宮殿法的起源

延伸學習

「空間並非填充物體的容器，而是人類意識的居所。」（巴舍拉《空間詩學》一書，引自彭巧君碩士論文）

記憶宮殿法：訓練的第一步

前文提到的《記憶人人hold得住》這本書，讓筆者在學習記憶法之路有突破性的發展。當然並不代表直接看這本書就會有明顯的進步，因為也許是先前不斷地閱讀學習，這本書不過就是臨門一腳的功效。但無論如何，這本書中所提到的十五項難記的物品，我在看完書並且練習一下後，居然可以記起來，確實讓我的心頭一震。

下列十五項物品，對於記憶力屢弱的我而言，可真是夢魘，也許短時間內可以硬記下來，可是在一段時間後，應該就會忘記吧！

①停車格：
上頭放了一大瓶又臭又嗆，吃起來ㄅ
ㄛ一聲的醃蒜頭。

②後方的摩托車：
上面有個裸女，身上都是起司，拿著吉他唱著：
Country road, take me home……

③地下室電梯口：
有人在烤燻鮭魚（魚上有烏龜頭），炭火高溫變成了熔岩般的泥火。

④進入電梯：
角落上擺著六瓶白酒，流出白色的液體。

1	醃蒜頭	6	3個呼拉圈	11	保羅紐曼的電影「回頭是岸」
2	鄉村起司	7	潛水呼吸器	12	麋鹿香腸
3	炭泥燻鮭魚	8	乾冰機	13	擴音器與導演椅
4	6瓶白酒	9	寄EMAIL給蘇菲亞	14	馬具與繩索
5	3雙襪子	10	膚色的貓女裝	15	氣壓計

　　但是透過這本書的教法，設計出一條回家的路，把每一個物品轉換成圖像，放在沿途的定點，只要循著這條路，就可以看到這些物品的存在。我個人是依據書中的建議，從停車場開始。

⑤大門：
　掛著三雙襪子，一雙很破、一雙帶著聖誕禮物，還有一雙好像包著豬心，有血滴了下來。

⑥客廳：
　狹小的客廳中有三個辣妹在搖呼拉圈，一直擠在一起。

⑦廚房的水槽：
　裝滿了水，有個人用潛水呼吸器在呼吸。

⑧烘碗機：
　怎麼一直冒白煙，打開一看，原來裡面都是乾冰，已經改成乾冰機。

腦中影像說明

① 停車格：上頭放了一大瓶又臭又嗆，吃起來ㄅ乙一聲的醃蒜頭。

② 停車格後方的摩托車：上面有個裸女，身上都是起司，拿著吉他唱著：Country road, take me home……

③ 快進入地下室電梯口時：有人在烤燻鮭魚（魚上有烏龜頭），炭火高溫變成了熔岩般的泥火。

④ 進入電梯：角落上擺著六瓶白酒，流出白色的液體。

⑤ 大門：掛著三雙襪子，一雙很破、一雙帶著聖誕禮物，還有一雙好像包著豬心，有血滴了下來。

⑥ 客廳：狹小的客廳中有三個辣妹在搖呼拉圈，一直擠在一起。

⑦ 廚房的水槽：裝滿了水，有個人用潛水呼吸器在呼吸。

⑧ 烘碗機：怎麼一直冒白煙，打開一看，原來裡面都是乾冰，已經改成乾冰機。

⑨ 電腦桌：電腦出現EMAIL，寄出去後信件飛到天空，一本書飛向窗外天空的感覺，寄EMAIL給蘇菲亞（諧音：書飛了）。

⑩ 按摩：這時候有位穿膚色貓女裝的小姐來幫我按摩。

⑪ 書房的影片區：我請美女到我左後方的影片區，挑選一部保羅紐曼的電影「回頭是岸」。保羅紐曼很多人不認識，可以想像自己吃很飽，敲了一下，居然有鑼聲，脖子慢慢地轉到後方（回頭），居然看到「岸」快速升高。

⑫ 冰箱旁邊：麋鹿的左腿被灌成香腸。

⑬ 客房：客房中有個人翹著腳坐在導演椅上，手中拿著擴音器，高喊Action！

⑭ 主臥房：主臥房中，放著一個馬具，好像玉蒲團馴服一位外籍女子的馬具，兩手被繩索綁在天花板上。

⑮ 主臥房外的陽台：掛著氣壓計突然因為氣壓暴增而爆掉。

腦中的影像

①醃蒜頭

②鄉村起司

③炭泥燻鮭魚

④6瓶白酒

⑤3雙襪子

⑥3個呼拉圈

⑦潛水呼吸器

⑧乾冰機

圖⑨～⑮，
請參照第95頁。

測試經驗分享

　　書中提到的這個例子，是我找過許多自認為記憶力好的朋友測試，過1週大概就會忘記部分物品，而且順序會搞錯。但是如果經由記憶宮殿進行記憶，也許偶爾會忘記一部分內容，但那個影像還是存在，而且當初建立的順序幾乎沒有錯。但如果當初創造的影像不夠清晰、具體，有時候會不小心跳過。

【第三版後記】
第二版出版迄今，經過了大約將近5年的時間，回想起這15個物品，有些已經模糊而想不起來，但只要稍加練習，大概30秒鐘就可以恢復原本的記憶，比最初設計所花的10分鐘，只花了5%的時間就達成原本的效果。
簡單來說，黏性雖然已隨著時間而消逝，但恢復的速度很快。

腦中的影像

⑨寄 EMAIL 給蘇菲亞

⑩膚色的貓女裝

⑪保羅紐曼的電影

⑫麋鹿香腸

⑬擴音器與導演椅

⑭馬具與繩索

⑮氣壓計

初步排斥：10人中有9人不相信

看了「30雜誌」有一期公務員考試勝經，裡面找了11名榜首談如何製作筆記，以及考上的關鍵方法，幾乎每位都談到記憶的方法，諸如關鍵字、圖解、心智圖等。

但是法律背景的教授對這個還是不太相信，一般的學生、考生也是半信半疑，看到我在推動法律記憶法時，在他們的眼神或反應中，我都可以發現大家內心正打問號，認為這只是一位江湖術士所言，騙騙大家荷包中的錢財而已。

有一天開車載著同學回三峽，我就先展演了一下15項物品中的10項，這位臺北大學的助理教授看起來頗為排斥，一直說自己記憶力很差，一定記不起來。

我說：讓你記不起來，那就是我很差了，絕對不是你很差。

放輕鬆，讓我們假裝走過一次捷運站，練習一遍，就算記憶力再差，七、八成以上都可以有個印象，也許字跳到嘴巴說不出來，但腦中一定會有個圖像。

經過不到15分鐘（因為還要邊開車），講過一次記憶宮殿，再練習一次，他全部記起來了，即使有時印象模糊與打結，但這10項物品，往前往後的順序都不會忘記。

只是這位臺北大學助理教授的同學問了一個蠻關鍵的問題：雖然記起來，感覺效果不錯，但卻要花很多時間去想這些圖像，還是很浪費時間。

我笑了笑

第一，這種記憶圖像的創造，會因為練習而愈來愈快。

第二，如果能讓你一輩子很難忘記，花點時間算什麼呢？

實戰中換取自身的實力

在初步開發法律記憶法教材之後，筆者開辦過三場15、20人次的記憶法課程，每次大約3小時，結果發現僅有一小部分的人受到啟發，這實在讓人不解。為了找出效果不彰的癥結，決定再舉辦1到3人的讀書會，更能貼近協助考生記憶。

經過大約十幾場讀書會的現場磨練，感謝許多第一次謀面的網友總是丟出許多奇怪的法條，考驗筆者現場設計的功力。在每次2到3個小時短暫的會面中，曾經使用過關鍵字、圖像法、心智圖法，但最後發現還是記憶宮殿（場所記憶）法效果最為顯著。

這些經驗讓筆者培養出快速抓到關鍵點，也就是先前談到的「記憶線索」，將其轉換成圖形並放在特定的場所，重點就記起來了。以後只要到特定場所將該圖像提取出來，透過「轉換」的程序，例如五線譜代表「普遍性」、畢卡索代表「抽象性」，就可以輕鬆還原重點。

第一次傳授會花較多的時間，總是有人抱持懷疑的態度，有時候我還會笑著問聽眾是否相信這個方法有效？聽眾發現被看穿了心思，也總是默默地點頭尷尬地笑了笑。我會很誠懇地說，就專心跟著我記憶5分鐘，你會發現大腦在沒什麼壓力的情況下，就記起來了。

結果當然是非常地美好，參與者的不信任，有如黎明前的黑暗。每教一次，就讓筆者體會這個過程的奇妙，也深刻地感受到場所記憶法的強大威力。

【第二版後記】
隨著教學的時數不斷增加，已經開發出民法總則、刑法、行政程序法的教材，實際上使用到記憶宮殿（場所記憶）法的機會很少。因為一般都用關鍵字記憶法，加上一些創意記憶法、圖像記憶法就可以把條文記起來，此一方法比較適合用在條例式的條文內容。

電影「全面啟動」的造夢者

筆者看過「全面啟動」這部電影不下五次，為什麼看那麼多次？

原因很簡單，因為這部電影是透過造夢者來製造虛幻的場景，剛好跟我學的「記憶宮殿法」有異曲同工之妙，如果我在真實的世界中沒有那麼多「記憶宮殿法」，是否能夠在夢中建構一座虛幻的「記憶宮殿」，存放我所有記憶的法律條文呢？

從角落時間到記憶宮殿法

過去筆者分享過很多零碎時間的分配技巧，對於一邊工作還要一邊準備考試的考生效果不錯，可是生活的品質卻降低很多。以筆者為例，當兵第2年拼了命唸書，一退伍就考上輔大夜間部。

白天6點半要開車上陽明山上班，下班之後趕去輔仁大學唸書，因為是插大，所以學分擠壓在3年內修完，幾乎每天都是11點多才回到家，還要複習至少1個多小時，長期下來一直睡眠不足。

那時候沒有學過記憶法，除了天生的反覆記憶法外，還有輔仁大學有點神經兮兮、考了十幾年考試的學長傳授的佛經記憶法，加上自己充分利用零碎時間（《法律人的第一本書》中所說的角落時間），例如上廁所時把放馬桶旁邊的法典拿出來，記一些不太需要思考的法條。

為什麼不適合看必須思考的法律內容呢？因為上廁所的時候，很難讓你邏輯思考的腦力順利運作，所以我建議利用零碎時間來做不太需要動腦筋的單純記憶。

記憶宮殿法的事後巡禮

現在筆者認為上廁所就上廁所，如果能善用記憶法，你隨時都能主動地記憶，任何場所都是你的記憶宮殿，他們就在牆上、就在7-11，你連書都不必拿就背起來了。透過記憶法的進化，你可以設計一些生活或旅遊場景，作為放置你記憶物品的空間，當你去吃碗麵，

或者是逛個街的時候，就可以一邊走路，看看風景，順便看看自己宮殿所存放的資料。

開始建立自己的宮殿

　　在電影「桃色交易」、「全面啓動」中都是一些虛擬場景的建構，都可以作為訓練自己建構記憶宮殿場景的參考。但是，對於初學者而言，還是先以實際體驗過的場景比較具體，先不要以虛擬場所為最初記憶工具。

　　筆者也很喜歡看電影，透過電影、童話故事的內容，也可以放置許多條文的在其中。讓每次記憶法條都像是看電影、童話故事，雖然你可能不會想要看三隻小豬、或許「魔鬼終結者」這種槍戰暴力片，也不符合你的胃口，但是類似的做法可以有更廣泛的應用，就等著你去建立記憶宮殿。

　　自己編故事也是很多人常用的方法，核心概念也是建立一個「流程」，將流程與條文的內容相結合，以達到記憶的目的。但是這種自創的故事，流程並不是那麼熟悉，所以變成要配合反覆記憶法，把流程熟悉之後，才能創造出法條記憶的黏性。畢竟當年的小紅帽、三隻小豬，都是聽過好幾遍才記起來。

勇敢出去玩

　　有了豐富的記憶宮殿，還是偶爾要去參觀這些宮殿，就好像是你的龐大企業一樣，老闆總是要去各大工廠巡視，或者是把自己想像成是皇帝，讓自己到各處的行宮，順便幻想能四處「臨幸」。

　　別讓考試破壞了你的愜意人生。

　　所以對於許多一邊工作一邊讀書的考生來說，時間少沒關係，記憶法可以幫助你很多。如果你沒有時間或創意設計法律資訊的記憶方法，多看看筆者的書、參加臉書「法律記憶法」社團，或是加入筆者的 Line 群組（Line ID：m36030），都可以讓你有不錯的收穫喔！

記憶宮殿比你想像的還要廣

　　剛開始使用記憶宮殿，感受到它的神奇，但卻只能在捷運站、自家社區中找到有順序的路徑（如下圖）。實際上並沒有這麼少，在《強記力》這本書的第109～110頁，提到一位名叫彼得勒斯‧拉文納的年輕人，總共有著10萬個路線點，記憶了大量的知識，包括西塞羅的演說與格言、哲人的數千條名言佳句、名人姓名和2萬條法律條例。

　　看到這裡，我突然有了信心，2萬條法律條例，法律系學生如果要考十科，每科平均以500條計算，總共大約5000條，看來只要學好記憶宮殿，要記得這些法條應該是沒有問題的事情。況且常用且會考的法律條文，也許只有其中的三分之一，更要對這套方法有信心。

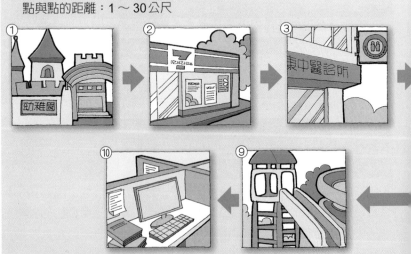

自家附近的記憶宮殿

起點與終點：從樓下幼稚園至社區辦公室
點與點的距離：1～30公尺

挑選記憶宮殿的注意事項

當你開始有五個以上的記憶宮殿時，你會慢慢地發現一些問題，就是有時會漏掉或搞錯一些內容，這就是某些地方發生了錯誤，才會導致無法記憶起相關內容：

一、順序要清楚：距離不要落差太大，最好能夠平均。

二、差異性要大：例如路線上有兩個盪鞦韆，就只使用一個。

三、路線點編號：給每個路線點編號，且結尾的數字必須是偶數。（也可以不編號）

四、物品放置位置不要太高或太低。

五、物品不宜放置在雜亂或相同之場景。

開始去找你的路線圖吧！

　　每天就帶著你的大腦，開始去現場預覽你的記憶宮殿，建議可以先以十個點為記憶目標，因為法律條文如果屬於條列式的內容，大多是在十個以下，超過十個的機會不高。之所以要去現場預覽，是要避免搞錯順序，甚至可以帶幾張便條紙，嘗試畫出路線圖，順便練練自己素描的功力，畢竟素描在記憶法或學習技巧中，也是一項基本技能。

　　（本書第4篇會更詳細解析記憶宮殿法的使用）

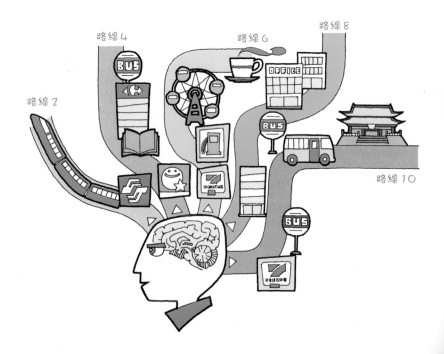

●筆 記●

如何記名字？

第一次快速大量的記名字

學會記憶宮殿的精髓，也順利開辦了第一期法律記憶法的課程，總共有編號01 ～ 18個學員參加。當天上午開著車到會場（臺北市立圖書館），大概是20分鐘的車程。

開著開著，想到其他記憶專家在開課的時候，總會秀一手記憶的功夫，例如背出圓周率小數點後100個數字，或者是拿出撲克牌，10分鐘內將打散牌後的順序記憶起來。

這些記憶法雖然也懂，但因為跟法律記憶法的關聯性不大，所以平常也沒有特別練習這些記憶法，但是可以利用記憶宮殿法（場所記憶法）將學員的名字記起來。當時一邊開車至會場，一邊拿起學員的名單，第一次試驗可否記起這些學員的名字，宮殿就是我家樓下的店家，以及進入社區大廳跟社區中庭的一些物品，將名字掛在這些物品上，當車子停入停車格之前，已經把這些名字都記起來了。

上課的時候，來的學員也都可以很輕鬆地把其他學員的名字叫出來，當然也拉近了彼此之間的距離，即使到現在，每次經過這些店家、社區大廳與中庭，這些名字還是會跳出來，不必有任何記憶上的壓力，可以輕鬆地記起這些學員的姓名。

利用零碎時間記憶名字

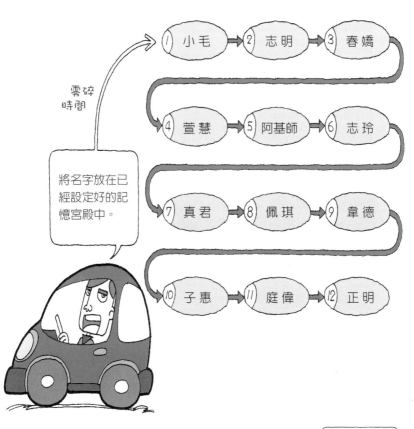

東吳學生的記憶經驗

學會了記憶法總是要測試一下效用，第一次到東吳大學上課前10分鐘使用記憶宮殿法記了約20位學生的名字，隔天吃午餐的時候又記了約30位學生的姓名。

先將每個名字（不記憶姓氏）轉換成圖像，依序放在家裡的環境物體上。

只要問其中一個名字，我可以往前或往後記憶，最好是到現場再把圖像複習了一次，隔天再來複習一次即可。如果要加強記憶強度，可以在當天晚上睡覺前增加一次複習次數。

其實也不必複習了，因為名字放置的位置就在居家環境中，自然而然就會看到他們，等星期二上課時再來測試效果。之前上課前10分鐘記憶的名字，效果還不錯；學生發現老師居然能記得自己名字都會很詫異，可以藉此強化學生學習態度50%以上。

下一步，要想辦法學習如何把名字帶入人臉特徵。

名字訓練與法條記憶相類似

透過名字訓練，可以讓自己對特定字與某個圖像快速產生連結，並且逐漸發展出同音不同字的圖形也要有所差異，例如：

「房」是平頂，「屋」是平頂有煙囪，「亭」是尖頂。

（目前只做到區別音，還沒有再細分到區別字）

慢慢地，會建立一些圖像的歸納與分類，並可以快速地轉換。再進一步，還可以創造出兩個字一個圖形，例如「春嬌」、「志明」就可以用一些演員的圖像來代替。又如筆者的名字「世傑」，也可以用「地球」的圖像來代替。

　　因為法律條文也是文字所組成，更糟糕的是，很多文字是抽象性的文字，要如何轉換成圖像，通常都要用一些類似的發音文字（諧音）、圖像，所以透過名字的記憶訓練，可以加深自己對於特定文字的記憶與轉換速度。

例如：

軍：可以想像成軍人。

君：可以想像成皇帝；瑞君：皇帝頭上有光。

德：可以想像成右手斜舉45度的納粹；德儀：納粹＋禮炮。

普遍性：五線譜。

抽象性：畢卡索的畫。

公務員：老公公。

理由：一瓶沙拉油。

組織：內有蜂窩的蜂蜜罐。

虛擬場所：植入記憶

虛擬場所也是場所嗎？

介紹完記憶宮殿法（場所記憶法）之後，很多朋友都能感受到其神奇的功效，並紛紛回家嘗試。但一般在操作上還是會有瓶頸，學生最常問我的問題之一，就是去哪裡找場所？

場所真的很多，只是要找到剛好與記憶內容相配合的，可能要花一些功夫。當然你也可以不必與場所相配合，但如果兩者有關聯性，更能加深植入的深度，記憶效果更好。

後來，在多次教學過程中，很多場所不是我的，而是讀書會成員的家，但依舊與真實經歷過的場所有相同的記憶功效。換言之，可以在腦中虛擬產生場所記憶法所需要的場所。

兔寶寶的實驗

為何會這樣子？

這讓我納悶許久，逐漸閱讀了許多研究大腦運作的書籍，發現這與「植入假記憶」有關係，電影「魔鬼總動員」、「攔截記憶碼」、「全面啟動」中都有類似的情節。有一本名為《潛意識正在控制你的行為》的書寫得蠻清楚（第104～105頁），裡面提到過去有關植入假記憶的實驗，其中有一個蠻有趣的實驗：

研究人員要求曾去過迪士尼樂園的受試者——年紀很小的小朋友，反覆閱讀一份假的樂園宣傳單，裡面是有關在樂園中與兔寶寶相遇的情景。宣傳單上清楚寫著要受試者想像「與兔寶寶近距離會

面……媽媽叫你跟兔寶寶拍照，雙手將你推向兔寶寶，並握手拍照。第一次看到兔寶寶的你，看著比印象中還要龐大許多且毛絨絨的兔寶寶、心跳加速、心中充滿了喜悅，最後你和兔寶寶不但拍了照，還握了手……」。

　　實驗結果，經過反覆地回想這虛擬的狀況，過一段時間再詢問這些受試者，都真的以為有看過兔寶寶，即便跟他們說這是植入的記憶也沒用。但這的確是假的，因為兔寶寶是華納兄弟公司旗下的卡通人物，不可能到迪士尼樂園與群眾握手，除非是山寨版。

植入記憶之奧妙

　　這個實驗也讓我確認了一點，場所記憶法的場所即便是虛擬產生，依然可以牢牢地記得想要記憶的內容，因為這類似於植入假記憶的概念。

　　過去曾利用101大樓的場所，但101大樓很複雜，如果真要確認，可能還要特地跑一趟現場。後來，我嘗試用虛擬幻想的方式，模擬重建現場，居然也在腦中建構出可供記憶的場所，效果還不錯喔！（可參考本書第170～171頁）

法條條號要記嗎？

數字與關鍵字

國家考試大多由資深的老師或業界人士閱卷，年紀大了改考卷真的很辛苦，看沒幾份眼睛就花了；再加上大量考卷的批改，會使得神經疲乏，再加上閱卷時間有限，所以到最後通常都是看關鍵字、數字來快速判斷答案是否正確；以我個人閱卷經驗，在找尋答案內容時，會優先看到數字關鍵字。條號、判例字號、解釋字號等是數字的一種，如果能記憶這些數字，對於分數的提升有一定的助益。

網路上有流傳一些網友蒐集整理的條號記憶TXT檔，這對於法律人的我來說，可是一個很無趣的整理工作，刑法殺人罪的條號要記嗎？當然是不用囉！320竊盜、325搶奪、328強盜、335侵占、339詐欺等，這些好像是自然而然就在腦中，所以當初在研發法律記憶法的時候，並沒有特別去記憶法條條號。

可是在詢問過很多讀者、考生之後，發現非法律系的法律學習者，對於條號的記憶還蠻困擾的，希望我能夠著墨一些針對條號、判例字號的記憶法。

諧音法

網路上找到的大多是諧音法，所以，我還是找了一些有關於條號的記憶方法，例如：

- 刑法第173條放火罪，利用諧音法「一起煽」，讓火愈來愈大，造成嚴重的災害。
- 當然也有很無聊的人就說，那刑法第174條可不可以說「一起死」，因為火太大都死在一起了。

只是這樣子的記憶方法雖然蠻好笑的，但是記憶 174 的意義並不大。因為當知道 173 是放火罪時，接著要知道的應該是後面還有哪幾條跟放火罪有關？條文規定什麼？構成要件為何？（刑 § 173 ～ 177 與放火罪有關係，總計 5 個條文）

其他像是民法第 75 條，有關無行為能力人之規定，可以想像成無行為能力人被欺侮（諧音 75）。

又如：

（兒霸凌）父親：刑法第 280 條傷害直系血親尊親屬罪；

殺人罪（271）：2 + 7 + 1 = 10，「死」的諧音。

有一次和幾位法律記憶法社團的同學聊到刑法第 19 條第 3 項是原因自由行為，通常都是舉喝酒為例子，有人就說 19（食酒）。筆者接著補充說那第 3 項用酒過三巡，或者是喝三杯代表。

還有三大悲慘條文：民法第 218 條（重大生計影響酌減）、民法第 318 條（斟酌債務人情況分期給付、緩期清償）、民法第 418 條（贈與後經濟情況變更）。其中民法第 218、418 條是唯二民法中有出現「生計」的條文。

數字圖像法

在記憶法中有一種是要先記得 0 ～ 100 數字的圖像作為基礎，稱之為數字圖像法，但並非一定要用此數字圖像卡，還是可以自己創造相對應的圖案。底下舉幾個條文例子：

- 刑法第 18 條→尾巴
- 刑法第 21 條→鱷魚
- 刑法第 10 條（6）→十字架（10）被柳樹（6）纏住
- 刑法第 266 條賭博罪：請想像有賭客正在賭博，玩兩顆骰子，都是呈現 6 點。（非數字圖像卡）

稍微複習一下，這些透過數字圖像法記憶的條號，就不會忘記。

常見問題 1：可不可以只寫×× 法規定

國家考試的時候，不記得法律條文或實務見解的確實字號，可不可以寫成「法律規定」、「民法規定」、「民法親屬篇規定」、「實務見解認為……」，而不引用條號或字號？

這樣的寫法，大部分的閱卷老師應該不會扣分，可是在高度競爭的國家考試中，分數就會產生落差，例如高考、律師司法官的考試競爭很激烈，大多數都能將常見條號與判例字號的實務見解記起來，所以閱卷老師在決定評分標準時，如果全部寫對，可能是 15 ～ 20 分，但會留個 5 分左右的空間，讓有特殊表現的學生能得到更高的分數，例如條號字號均能全數正確引用，能清晰表達出一些學說理論。所以，如果能正確無誤地寫出這些條號與重要的判決字號或其他重要實務見解，當然有助於分數的提升，若四題中抓到兩題，也都能因此加個 3 分，單科的總分就可以多個 6 分，說不定就是上榜的關鍵。

且讓我引用謝哲勝老師《民法物權》中所介紹解題分析的方法，其認為：「答題最高原則是持之有故、言之成理。持之有故指引經據典，對於有法條規定、實務見解、學說見解時，都必須引用作為答題的依據；言之成理指答題時不可只寫結論，必須有基本的說理或推論……。」所以，條號能引則引之。

常見問題 2：每個條號都要設計嗎？

當然不必每一條都設計，只要設計「節點」就好，例如民法第 86 條記得是單獨虛偽意思表示，其他依序就可以知道 87 通謀、88 錯誤、92 詐欺脅迫……民法第 125 條也是「節點」，消滅時效，126、127 就是短期的消滅時效。整個法條條號記憶法設計的量就大幅度減低，而不必像是坊間一些朋友設計太多，反而花費太多時間在記憶上面。

每條都設計太耗費時間，恐怕會本末倒置。學習法律的內涵是重

點，記憶法最好的狀況是精簡，且能與內容相結合。考試並不是要考你條號，記得條號只是告訴閱卷者你有看書，而且還記得不錯，拜託多給幾分，考試作答還是要有內容。

　　總之，市場上有些書籍或者是網路資訊幫你詳細介紹法條，你可以**把自己覺得很難記起來的條文，參考筆者的記憶法，設計一套可以協助自己記憶即可**，千萬不要每條都學別人怎麼記，也不要自己傻傻地設計每個條文，真的太浪費時間了！

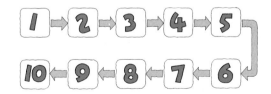

電話號碼怎麼記？

利用數字圖像法

雖然大家現在大多使用手機或電腦記下朋友的電話號碼，已經不太需要使用記憶法了，不過還是可以利用數字圖像法偷偷把電話記起來以備不時之需，例如某人的電話是0982-9675XX，可以拆成下列內容：（如右頁圖）

09→酒

82→白鵝

96→酒肉朋友

75→棄物

XX→略（個人資料保護法，不宜全部說出）

整合名字

接下來有個小問題，我該怎麼把電話號碼跟這個號碼的主人結合在一起呢？如果不把兩者整合在一起，恐怕撥打電話後，對方接起了電話，卻只能說：

「Hi！我記得您的電話，但您是誰？？？」

為了讓名字與電話結合在一起，我目前的做法是將記憶圖像放進之前安排好的記憶宮殿，例如這個電話的圖像是甲女，她的名字的圖像目前是放在我家樓下中醫的推拿店，剛好有幾個推拿師在裡面，準備喝酒吃鵝肉（白鵝），75是吃剩下準備丟掉的鵝骨頭（棄物）……

以後去這家店看醫生，這個畫面就會跳出來，電話又可以自動複習一次。

效果差強人意

也許是現在電子通訊錄太方便了，或都是直接用 Line 通話，記憶電話已經沒有太大的必要性，所以即便記得這些電話號碼，也很少會利用記憶法去撥打這些號碼，因此要實際檢測記憶的效果也比較沒有機會。

四個號碼一個圖像

上述十個號碼必須拆成五個圖像，再將五個圖像整合成一個誇張的圖像放入自己的右腦，這樣的轉換過程會有點慢。

該怎麼辦呢？有些記憶專家是這樣子做，他不只建立0～100的圖像資料庫，而是建立到0～1000，或0～10000的圖像資料庫。如此一來，這個電話號碼就只需要記0982＋9675＋XX，或者是09＋8296＋75XX，總計3個圖像，比較簡單，轉換速度也比較快。

只是問題就在於……你必須要花費更多的時間做好基礎圖像的準備工作，目前我個人還是停留在0～100的階段。

偶爾也會用到四個號碼一個圖像

有一次在記憶某位學員名字的時候，其名字的諧音可以拆解成兩隻禽類，在記憶宮殿的方法下，將這兩隻禽類放在樓下便利商店吵架，這位學員的電話是0978-XXXOOO，該怎麼記憶呢？

後來想到一個稍微低俗的方法，就是甲禽對著乙禽罵說：「林就78…#$%^&*」（恕無法翻譯，有宗教背景者也請見諒）

我和這位學員都覺得這樣子的記憶方法很好，而且不必特別記憶，就印象非常深刻了，每次看到這位學員上線，自動會想到四個數字「0978」。

一個數字對應多個圖案

數字圖像卡很適合運用在「條號」及「實務字號」的記憶上，而且一個數字可以同時有多個圖案表現，但一個圖案不宜對應出多個數字，以免「轉換」回數字的時候發生錯誤。

09可以省略

國內手機的號碼都是10碼，如果兩個數字一個圖，要用到五個圖才能把手機號碼記起來。不過因為手機的開頭都是09，所以只要設計後面八個數字，也就是耗費四個圖案就可以記得一組手機號碼，在效率上減少了20%記憶空間的浪費，當然如果是前頁把「0978」放在一起的記憶方法，恐怕09是無法省略掉了，但那算是諧音的記憶法，與數字圖像卡並無關聯。

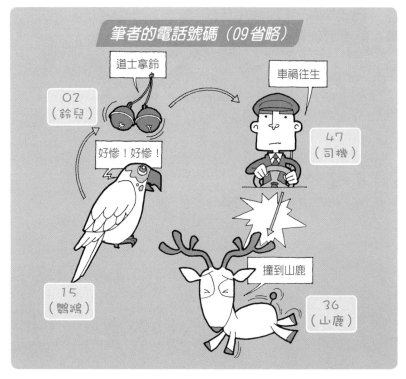

筆者的電話號碼（09省略）

實際上我沒有使用數字圖像卡，而是這樣介紹自己的電話，0915（鸚鵡）024（1天24小時）、7（每週7天）、36沒有5（1年365天）。

記憶過程中的反芻

　　在經過一些簡單的記憶基本訓練後，你是否開始對自己的記憶力產生信心？但是在短期記憶正式成為你的長期記憶之前，還有一項細部程序很重要，那就是將資料再次取出確認擺放位置與內容，又稱之為「牛的反芻」。

擺放位置

　　反芻的首要重點在於「擺放位置是否OK？」不能與其他資料相衝突，否則久而久之會產生混淆現象，例如前文所提到的身體吊掛法，當吊掛兩次之後就會發生混淆的現象，必須透過清洗記憶的程序將資料洗乾淨，才能再次擺放新的內容，但問題就在於資料洗得不太乾淨，所以身體吊掛法對筆者而言，很容易產生資料衝突的狀況。

完整存放，複習兩次

　　其次，確認資料是否完整存放。

　　在記憶完之後，要馬上進入安靜的沉思狀態，把剛剛記憶起來的內容再想一次，確認的時間建議如下：

- 當天結束之前、睡覺前複習1次。
- 隔天早上取出確認，再複習1次。
- 接著就只要1週、1個月後再取出確認即可。

記憶流程

記憶

將記憶內容放入腦中

⬇

取出

嘗試將記憶內容取出

⬇ *轉換*

確認

確認是否完整保存，存放區是否與其他資料相衝突

認識新朋友，也可以立即練習

拿到名片之後，稍微與對方聊一下，等休息的時候，再拿名片出來看一下，回憶對方的長相、學經歷，然後用記憶法記起來。再次寒暄的時候，可以練習將對方的資料反芻，例如親切地唸出對方的名字，詢問一下對方是讀什麼科系、專攻哪一個領域，講錯了也沒有關係，因為是初次見面。

養成記憶的習慣

每次記憶完法律條文，就和朋友練習一下成效，每次認識新朋友，就多聊聊其學經歷背景，只要經常練習，記憶的通道就會暢通。

創意強，記憶優

記憶高手強在創意

記憶，不只是記憶，而是創意。當你搞懂大多數的記憶法之後，你會發現這些神奇的記憶法主要是以創意、想像力為基礎。例如有學生問我怎麼把97年台上字第351號判決記起來，這一個判決是有關於不能犯的成立要件。翻開數字圖像卡，97（香港腳）、3（山）、51（烏魚子），經過1、2分鐘的思索，我建議這樣子記憶：「香港腳爬到山上，是不可能找到烏魚子的。」這樣子的創意讓現場參與者都很滿意。

只是臺灣的教育通常都著重填鴨式的教學方式，也就是老師講什麼，學生就要記什麼，培養想像力與創造力的空間很有限。

該如何改變這樣子的困境呢？

可以多做白日夢、玩創意思考的遊戲，假想自己飛到宇宙最遠的邊際，或者是看看有創意的電影，例如「全面啟動」的場景與造夢人的概念、或是「鐘點戰」把時間當作貨幣的概念，都很有創意。

讓我們先來一些創意思考的遊戲：

汽車如何停入停車格？先想出五個填入右頁空格，如果有朋友在旁邊，請他也說出五個，如果這五個方法異於你提出的方法，請寫在剩餘空格。如果2人第一次的創意與想像無法填滿十個，請再共同創作。完成後，你可以再測試幾個開發你想像力與創造力的問題，例如：

- 你有100萬元會如何花費？
- 你的餐點裡面有蟑螂，要怎麼向店家抗議？
- 如何到達你家附近的便利商店？

創造力遊戲

將車子停入停車位的方法，請填入你的想法：

1		6	
2		7	
3		8	
4		9	
5		10	

筆者的參考答案：

1	直停	6	越野車開過旁邊所有的車子，停到自己的位置
2	後退停	7	車位上還有一輛貨櫃車，汽車可以停進去隱藏其中
3	甩尾側面停（像是電腦場景）	8	放在馬背上
4	利用斜坡特技讓車子變成兩輪停	9	自己把車子扛起來
5	利用斜坡特技，但是失敗而車子翻倒	10	停好之後車子陷入地底中，還可以再停一輛

無限延伸的聯想力

　　透過基本的想像力訓練後，接著就是聯想力了。還記得小時候會玩「成語接龍」（限定是成語太難了，通常會放寬成只要是四個字的詞彙即可），每人唸出四個字的語詞，下一個人就要以這個詞中最後一個字的發音作為下一個語詞的字首。例如甲說：「山窮水盡」，乙可以接：「盡力而為」，甲說：「為富不仁」，乙說：「仁至義盡」……慘了，可能會重覆一樣的內容，但也可以想想盡力而為以外的詞句。

　　這種遊戲透過競爭、聯想的方法，有助於成語的記憶。同樣的方法也可以用在記憶力、想像力的訓練上，尤其是法律條文很多是抽象而非具體的內容，更需要快速豐富的想像力與創造力。

　　當每個人的腦海中看到一項物品時，通常會產生一個關聯的名詞，也許有邏輯上的關聯，也許沒有。例如看到美女，也許會想到女神，也許會想到厚德路，也許是想到帥哥。

　　如果是厚德路，接著繼續往下想，可能會想到警察、可能會想到臨檢，也可能會想到八爪椅。這樣子的想像力可以無限延伸，但我們訓練的時候並不需要無限延伸，而是逐漸要訓練出速度，

　　尤其是數字圖像卡，一個數字可以用什麼物體代替，如果光靠數字圖像卡上面有限的圖像，恐怕無法應付千變萬化的組合，或是組合出來的圖片也很難創造出有意義的連結，沒有意義的連結就比較不好記憶。抽象性的文字，也會有圖像轉換的問題，也需要極強的聯想力與創意。

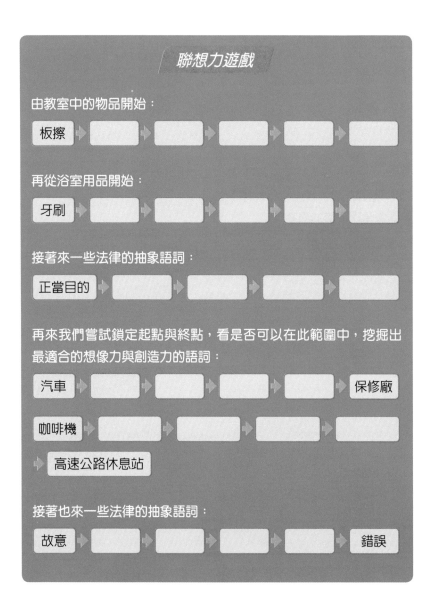

整合圖像基本訓練

將具體或抽象物體結合成新的影像

在記憶法中,該如何把不同物體結合成一個誇張的影像讓大腦自動儲存下來,是一個基礎訓練。所以在很多記憶法書籍中,都會建議可以將不同物體整合成一個圖案,創造出新的意義,愈誇張愈好。就好像是「烙印」在腦袋記憶體中,而不是單純地只是「燙傷」腦細胞。

右頁圖是將兩個具體的物體,咖啡杯＋棒球棒,整合成一張圖像,法律記憶法的好處在於你可以慢慢設計與修正,第一次設計的圖案可能只是草圖,不會太強烈,可是久而久之,可以設計出更強烈的圖像。接著你也可以試著看看三個圖像、四個圖像,是否也可以輕鬆地結合成單一影像。

具體與抽象

右圖中我們訓練的多為具體的物品,例如咖啡杯、球棒、水果、花燈等,而戰爭雖然較為抽象,但也可以有具體的圖像得以表徵。法律的名詞則不然,很多都是抽象的語詞,例如憲法第23條比例原則的「必要」,或者是同條的「社會秩序」、「公共利益」,都是欠缺具體外觀形象的抽象名詞,要建立一些圖像頗為困難。

交錯自由練習一下吧!

> 將法律【動詞】＋法律名詞,創造出1個影像
> 將法律【名詞】＋法律名詞,創造出1個影像

影像結合訓練

第一影像	第二影像	結合影像
咖啡杯	球棒	棒球棒擊破咖啡杯，咖啡灑向天空

第一影像	第二影像	第三影像	結合影像
水果	戰爭	花燈	

人是圖像化的動物

人類對於文字的記憶能力，低於圖像記憶的能力，這是一種演化結果。遠古時代的人必須要到處打獵根本不會文字，所以都是靠圖像來判斷，對於圖像與地理位置都能很輕鬆地判斷。

而文字方面，則是近幾千年來才逐漸出現的產物，由於演化需要長時間的改變，未來要經過很長一段時間，人類才可能變成文字化的動物。在此之前，人類還是屬於圖像化的動物。

以下有50張圖片，請以1～2秒／張的速度看完下列圖片：

（請移次頁繼續答題）

接著，請看下列圖示，左右2張為一組，總共十組，請問每組的2張圖片中，有哪一張是前一頁50張圖中所出現的？挑選完之後，請回到前一頁比對，看看答對幾組。

　　經過多次的試驗，通常學生在看完50張圖片之後，我會先問是否記得剛剛看到了什麼，學生大多說不上來，對於能否記得這些圖片的信心度非常低。但是在判斷這十組圖片時，卻發現居然大多能答對八組以上。顯然人類對於圖片能有極強的判斷力，這一點可以好好地運用在法律記憶上。

數字圖像卡

不是每個條號都需要設計

接著來介紹 0 ～ 100 數字圖像卡，如果有必要記憶條號或特定數字，那麼必須要先建立數字圖像卡。不過很多條號也不必浪費時間與記憶體來記憶，例如民法第 75 條是無行為能力人之規定，民法第 86、87 條是單獨虛偽意思表示、通謀虛偽意思表示，民法第 88 條是錯誤、民法第 92 條是詐欺脅迫、民法第 184 條是侵權行為損害賠償等，都是常接觸的條號，次數多了想忘也忘不了。就算會忘，也是你已經不再考試的那一天，沒必要花時間去設計與記憶。

數字圖像卡可以自行設計

以下所介紹的數字與圖像卡（僅提供文字）的對照表，你可以依據自己的喜好去修正，因為每個人的記憶方式不同，例如民雄肉包對於民雄人的意義可能特別大，但是對於生活在花蓮的朋友也許就沒啥意義，所以對於民雄人可以用肉包來代替 68，花蓮人也可以用肉包，只是如果有意義更強大的圖像來代表 68，當然可以取代肉包的圖像。

1 與 01 要分別設計

例如民法第 1009 條條文，是 10 ＋ 09 的組合，如果沒有將 9、09 加以區分，長久下來可能會搞不清楚是第 109 條還是第 1009 條規定。電話號碼也是一樣，以電話號碼 0915 ＋ 02 ＋ 47 ＋ 36 為例，其中的 02，可以拆成 0 ＋ 2 兩個圖形，但是太浪費圖形了，還不如創造一個 02（鈴兒）的圖形。

1	2	3	4	5
鉛筆、香腸、人	耳朵	山、麥當勞	獅子	跳舞
6	**7**	**8**	**9**	**00**
柳樹、尿	拐杖	眼鏡	酒瓶	囧、百步蛇
01	**02**	**03**	**04**	**05**
靈異、性交	鈴兒	米老鼠（躺平）、胸罩	零食	蓮霧
06	**07**	**08**	**09**	**10**
喝尿	胖子拿拐杖	籬笆	菱角	十字架
11	**12**	**13**	**14**	**15**
筷子	時鐘、下跪	孕婦、巫婆	醫師	鸚鵡
16	**17**	**18**	**19**	**20**
石榴	儀器	尾（一ˇ）巴	石臼	餓死、鵝蛋
21	**22**	**23**	**24**	**25**
鱷魚	雙人枕頭	駱駝	糧食	二胡
26	**27**	**28**	**29**	**30**
河流	惡妻	惡霸	惡狗	山上落石
31	**32**	**33**	**34**	**35**
（三義）木雕、31冰淇淋	嫦娥	搧搧（扇子）	沙士	珊瑚
36	**37**	**38**	**39**	**40**
山鹿	山雞	山胞	三角褲	樹林
41	**42**	**43**	**44**	**45**
司儀	食餌	濕傘	斯斯、石獅	師父、石虎
46	**47**	**48**	**49**	**50**
飼料	司機	骰子	死狗	50元硬幣、武林高手

51	52	53	54	55
烏魚子	我兒	午餐	武士、五四運動	嗚嗚（火車）
56	**57**	**58**	**59**	**60**
黑大眼睛（烏溜）、566	武器	我爸	沒得救、棺材	榴槤
61	**62**	**63**	**64**	**65**
牛醫	牛耳	硫酸	螺絲	尿壺
66	**67**	**68**	**69**	**70**
溜溜球	油漆	喇叭、肉包	牛角麵包	麒麟
71	**72**	**73**	**74**	**75**
奇異果	企鵝	旗桿	騎士	棄物、欺侮
76	**77**	**78**	**79**	**80**
氣流	巧克力	生殖器、青蛙	氣球	巴黎鐵塔
81	**82**	**83**	**84**	**85**
白蟻	白鵝	爬山	巴士	寶物
86	**87**	**88**	**89**	**90**
芭樂	法官、白旗	喇叭	芭蕉	手槍
91	**92**	**93**	**94**	**95**
救生衣	舊愛	軍人	果汁	皇帝、酒壺
96	**97**	**98**	**99**	**100**
酒肉（朋友）	香港（腳）	酒吧	久久不倒	百步蛇
168	**0168**	**0**	**1,000**	**10,000**
一路發	你一路發	甜甜圈	千元大鈔	卍
007	**119**	**520**		
情報員	救護車	我愛妳		

以上參考《職場快速記憶王》、《超級學習法》等書及個人設計。

挑選具體清晰的圖像

在圖像的挑選上，不要選擇抽象意義的文字，例如公平、正義，你很難創造出一個具體的印象，當再進一步進行圖像整合的時候會有困難。也曾經看過一些記憶專家的著作，提出40（士林）或者是62（六合夜市），這種以地名為主的圖像，除非預先設定成一個很著明的地標或替代圖，否則區域過廣，最後只剩下很模糊的印象，比較難進行圖像整合。

訓練轉換速度：印出數字圖像卡

記憶法的概念並不難，重點在於訓練，數字圖像對照表可以印製下來隨身攜帶，看到數字就想一下這是什麼圖案，或者是看到圖案就試著轉換成數字，反覆練習，把這個當作生活中的遊戲，很快就會熟悉這些數字。

生活中有太多的數字可以訓練，例如自己的電話，或者是特定的日期（情人的生日）。有一次，東吳大學剛開學，要去系辦辦三件事情，包括蓋系章辦理借書證，還有辦理停車證，最後問這學期在哪一間教室上課。系助教跟我說是5513，聽完之後又問了幾個問題，於離開系辦時想了一下，還好記得5513。但怕走到1樓的時候忘了，所以就用數字圖像卡來記憶，55是火車嗚嗚叫，13是孕婦，所以我在腦中形成一輛火車撞到孕婦的慘劇，就不容易忘記了。（如下圖）

● 25 上 2253 怎麼記？

註：最高法院於中華民國107年12月7日本法修正施行前依法選編之判例，
　　若無裁判全文可資查考者，應停止適用。未經前項規定停止適用之判
　　例，其效力與未經選編為判例之最高法院裁判相同。

25 上 2253

現行刑法關於正犯、從犯之區別，本院所採見解，係以其主觀之犯
意及客觀之犯行為標準，凡以自己犯罪之意思而參與犯罪，無論其
所參與者是否犯罪構成要件之行為，皆為正犯，其以幫助他人犯罪
之意思而參與犯罪，其所參與者，苟係犯罪構成要件之行為，亦為
正犯，必以幫助他人犯罪之意思而參與犯罪，其所參與者又為犯罪
構成要件以外之行為，始為從犯。

記憶方法

當考到正犯與從犯之區別，或者是考把風行為時，都可以引用到
本號判決。判決內容不難理解，但要把實務字號寫出來，就沒有
太大的把握。筆者是將字號拆解成四個部分：

25：二胡，有一個人在門口拉「二胡」(25)→把風。

上：25還在大陸，所以不是台上。

22：拿著雙人枕頭(22)。

53：將吃著午餐(53)的被害人悶死。

結論：記憶效果還不錯。

●筆 記●

第 **4** 篇

雞尾酒記憶法的世界

不管是黑貓還是白貓，

只要會抓老鼠的，就是好貓。

不管是什麼記憶法，

只要能幫你記憶的，就是好的記憶法。

本篇大綱

法律記憶法的特殊性

傳統記憶法的應用

如果你在博客來網路書店，用「記憶法」、「記憶術」作為關鍵字搜尋，會發現除了一些記憶法的基本書籍外，應用最多的應該就是英文單字記憶法。

根據筆者的閱讀經驗，傳統記憶法可以用在記人名、電話，買東西不必寫小抄等，至於背圓周率小數點後的數字、撲克牌的順序，或者是什麼金庫密碼，這些除了可以拿來炫耀、騙騙異性友人外，說真的對於人生沒什麼太大的用途。

法律記憶法是社會科學

曾經有一篇碩士論文探究運用在歷史科教學的記憶法（林揮凱，《記憶策略應用於國中社會學習領域歷史科教學成效之研究》），裡面將很多歷史名詞、年代、人物作為研究教材，透過記憶法來進行教學，成效不錯。法律跟歷史一樣是社會科學，有很多法律名詞、特殊的判決字號，這些應該可以利用記憶法達到一定的效果。

不需要每個條號都記憶

法律的條文都會有個條號，甚至於項款目，但由於太多條號，且民法有第10條，刑法也有第10條，一堆法令都有第10條，為避免混淆，有必要的條號再利用記憶法輔助記憶。

抽象性語詞不少

「公平」、「正義」、「正當性」等抽象性語詞，是法律條文的一大特色，要將這些抽象性語詞記起來，必須要把一些常用的語詞給予特定的圖像，例如本書對於「抽象」二字，是以「畢卡索名畫」代替。

重複性高者可用歸納法整理

例如不罰、減輕其刑、得減輕其刑、減輕或免除其刑、得減輕或免除其刑等，筆者的經驗是很難透過記憶法來記得，而且很容易搞混，所以利用歸納法來整理，以後在設計條文時，遇到這些內容就不必再設計了。歸納法不但有幫助，也可以減少記憶法設計的量。

無法僅適用單一記憶法

此外，還是有些有志之士試著利用記憶法來幫助法律記憶，曾經在網路上看到有網友利用整合圖像法來記憶行政法令，但似乎純粹只以圖像法為主軸，當然該名網友也發現由於圖像太接近，導致會有混淆的問題。因此，還是必須要輔佐其他記憶法，才能夠更有效地應用於法律記憶。

法律條文大多不必一字不漏地記憶

法律條文是否需要一字不漏地記憶？這是大多數考生的疑惑。除了少數重要的條文外，愈高等級的考試通常不會考機械式地默寫條文，例如刑法第41條有關易科罰金、易服社會勞動服務的條文，非常長，只要記好基本內容、關鍵字與有爭議的部分，大約30%即可，有能力之餘再多記一些，達到50 ～ 75%就足以應付國家考試。

先建立骨架→再補強肉

記憶線索，是能夠快速找出記憶位置的地方，如同肉粽最上方的線頭，一拉全部的肉粽都拉起來了。其次，找出相關聯的關鍵點，即可加快記憶的速度，把基本骨架建立起來。至於其他部分，必須以反覆記憶的方式，將剩餘的肉補強起來。

練習，降低轉換的時間

當骨架和肉都背得差不多時，還是要多練習，才可以快速地將腦中的記憶內容「轉換」成條文的內容。在有限的考試時間內，愈快速的轉換對考試答題來說幫助愈大。如果是整合性的圖像，最好是自己多畫幾次，畫得不好看也沒關係，重點有畫出來即可；如果只是單張圖像，則可以用腦袋想一次即可，不一定要畫下來。

當轉換過程沒有太大問題時，也要多次練習寫成原始的條文、字號或其他法律資訊，否則光畫記憶圖像或其他記憶的內容，只是將這些內容呈現在考卷上，閱卷老師是不會給你分數的。

如右頁圖所示，許多純文字的法律條文並不容易記憶，例如憲法第 23 條的內容：以上各條列舉之自由權利，除為防止妨礙他人自由、避免緊急危難、維持社會秩序，或增進公共利益所必要者外，不得以法律限制之。

這條如果先轉換成記憶法的素材，就很容易成為大腦中的長期記憶，需要使用時只要取出來之後再予以轉換，就可以還原成法條的原始內容。

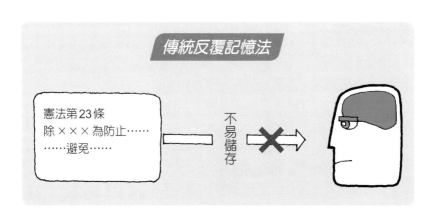

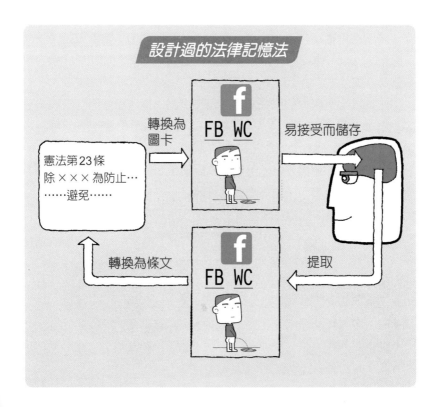

關鍵字記憶法

● 免除其刑：刑法第61條

 抓出重要的關鍵字

　　一般讀者或考生大多是利用反覆記憶法，簡單來說就是背背背，多背就可以記起來了，可是這種方法的效益不大，因為條文太多，背了後面就會忘了前面，容易產生對法條記憶的排斥感，這在前文已有說明。

　　因此很多人發展出關鍵字記憶法，尤其是很多條列式結構的條文，特別會用這種方法去記憶。早期在一般考試中，有教導如何記憶八國聯軍（俄、德、法、美、日、奧、義、英），有人就想成「餓的話每日熬一鷹」。（來源不可考）

　　法律界也有類似的口訣，如某個在網路、補習班盛傳的口訣「三妾占妻性恐髒」（來源不可考），主要是記憶刑法第61條、刑事訴訟法第376條規定。讓我們以刑法第61條為例，如右頁。

　　這一個口訣還蠻好記的，簡單來說就是有三個小三，每天服侍老公，妻子都沒機會了，搞得老公的性器官恐怕很骯髒。瞭解關鍵字整合出的故事之後，只要多練習幾次，這句口訣即可變成長期記憶。

還原口訣中的每個字

　　接著再還原每一個字的意思：

- 三：三年以下有期徒刑
- 占：侵占罪
- 性：背信罪
- 髒：贓物罪
- 妾：竊盜罪
- 妻：詐欺罪
- 恐：恐嚇罪

刑法第61條

犯下列各罪之一,情節輕微,顯可憫恕,認為依第59條規定減輕
其刑仍嫌過重者,得免除其刑:

一、最重本刑為3年以下有期徒刑、拘役或專科罰金之罪。但第
　　132條第1項、第143條、第145條、第186條及對於直系血親
　　尊親屬犯第271條第3項之罪,不在此限。

二、第320條、第321條之竊盜罪。

三、第335條、第336條第2項之侵占罪。

四、第339條、第341條之詐欺罪。

五、第342條之背信罪。

六、第346條之恐嚇罪。

七、第349條第2項之贓物罪。

諧音的小缺點

　　利用諧音的方式有時候會發生無法還原的尷尬結果。例如「性」,
可能會誤以為是「強制性交罪」。但是這個問題可以解決,因為刑法第
61條的條文架構,第2～7款是依照刑法分則條文的順序,從第320
條,依序到第349條第2項,條號是愈來愈多,所以這個「性」,是背
「信」罪的諧音,而非「強制性交罪」。

● 姻親：民法第969條規定

民法第969條

稱姻親者，謂血親之配偶、配偶之血親及<u>配偶之血親之配偶</u>。

　　這一條文短短的並不難記，可是在民法有上千條文的壓力下，有時候會搞不清楚。血親之配偶、配偶之血親，這通常不會搞混。可是接下來是配偶之血親之配偶，還是血親之配偶之血親，就有些容易不確定，筆者當年複習時總是搞不清楚。

　　解決的方法很容易，把這個條文簡化成關鍵字口訣，有網友建議如下：

血之配、配之血，配之血之配

　　但是這樣子，筆者覺得還是長了些，可以再次簡化如下：

血配、配血、配血配

　　甚至於只要記得「配配配」。

　　同樣地，在類似條文第970條也可以做相同的處理：

民法第970條

姻親之親系及親等之計算如左：
一、<u>血親之配偶</u>，從其配偶之親系及親等。
二、<u>配偶之血親</u>，從其與配偶之親系及親等。
三、<u>配偶之血親之配偶</u>，從其與配偶之親系及親等。

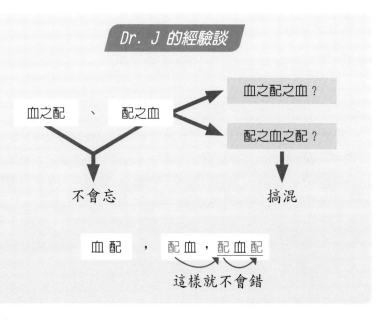

💡 說明

- 「血親之配偶」、「配偶之血親」兩者皆有，並沒有記憶的必要；這一個條文會忘記的地方，就是搞不清楚到底是「血親之配偶之血親」，還是「配偶之血親之配偶」，從理解的方法來記憶，前者會導致姻親的範圍過廣，所以應該是後者「配偶之血親之配偶」。

- 有人會問：這麼簡單怎麼會搞錯？答案很簡單，當時間久了，要記憶的內容更多，一定就會產生模糊的印象。法律學習者必須要找到方法，將正確的資料取出。反正，這個方法也不會占據你太多的記憶體。

● 領域外犯罪：刑法第5條

追求更合邏輯性的關鍵字記憶法

「三妾占妻性恐嚇」這樣子的關鍵字記憶法，還是花了筆者好久的時間，才從短期記憶體塞進我那笨笨的長期記憶區中。

筆者一直在思考到底是出了什麼問題？必須要配合反覆記憶法，反覆強迫腦子記憶，才可以記住。況且還有那麼多的條文，都是屬於條列式的架構，如果每個都用關鍵字記憶法，是否真的都能夠記起來呢？能夠把每個條文都順利記住嗎？

恐怕是蠻辛苦的。既然記憶法是為了降低各位辛苦的程度，或許應該加入一些元素，讓他可以直接放在右腦中，而不會因為「無意義文字化」的特性，一直保存在暫存記憶體中。

刑法第5條的基本概念

因緣際會間，筆者決定把自己一直背不起來的條文，利用關鍵字記憶法賦予其生命，不過在說明這個條文挑選出來的關鍵字之前，還是要簡單說明一下這個條文的概念。

我國刑法原則上採行屬地主義，也就是在中華民國土地上犯罪，才是要管的行為對象。可是有些犯罪行為即便是在非中華民國領域內，還是可能造成我國的損害，所以有一些犯罪即使在國外，也是刑法規範的範圍，也就是第5條所規範的11種類型。

刑法第5條

本法於凡在中華民國領域外犯下列各罪者，適用之：

一、<u>內</u>亂罪。

二、<u>外</u>患罪。

三、第135條、第136條及第138條之妨害<u>公</u>務罪。

四、第185-1條及第185-2條之<u>公</u>共危險罪。

五、<u>偽</u>造貨幣罪。

六、第201條至第202條之<u>偽</u>造有價證券罪。

七、第211條、第214條、第218條及第216條行使第211條、第213條、第214條文書之<u>偽</u>造文書罪。

八、<u>毒品</u>罪。但施用毒品及持有毒品、種子、施用毒品器具罪，不在此限。

九、第296條及第296-1條之<u>妨害自由</u>罪。

十、第333條及第334條之<u>海盜</u>罪。

十一、第339-4條之加重<u>詐欺</u>罪。

刑法第5條的關鍵字

在不斷研發與改進之後，設定關鍵字為：

內外、公公、三偽（菱）、毒品、妨害自由、海盜、詐欺

關鍵字故事化

只憑藉關鍵字，久了還是會忘記，如果讓關鍵字故事化，賦予其生命就可以延長記憶的時間。

- 內外：古代有所謂的東廠與西廠，印象中都是一些錦衣衛、太監干擾朝政的地方，我們也來創設內廠與外廠。
- 公公：內廠與外廠裡頭都是太監，也就是公公。
- 三偽：三位公公都陽「萎」。還原成條文的犯罪類型，分別是：偽造貨幣、偽造有價證券、偽造文書。
- 毒品罪：公公是不行的男人，這讓公公很難過，於是去搞毒品，想著在海外吸用毒品就沒事，所以常常跑到海外去吸食毒品。（但施用毒品及持有毒品、種子、施用毒品器具罪，不在此限。）
- 妨害自由罪：公公沒錢搞毒品，就去買賣宮女（妨害自由罪之奴隸、買賣人口），反正宮女三千，皇上鐵杵也會磨成繡花針，還不如賣到非洲當酋長夫人。
- 海盜罪：公公正在把後宮佳麗運送到其他國度，傳來一個消息，皇帝已經知道公公的勾當，三位公公本來就沒蛋蛋了，聽到了當然不敢回國，只好在海上當海盜。
- 詐欺罪：新加條款，也可以不設計反而好記。

條號記起來：五窮六絕七上八下

股市俗諺，五窮、六絕、七上、八下，代表 5～8 月的股票行情不太好。

- 第 5 條→五窮，窮盡世界各地，都要追訴的犯行。
- 第 6 條→六絕，六公公絕子絕孫，代表本條與公務員有關。
- 第 7 條→七上，3 年以上
- 第 8 條→八下，下賤的外國人。

刑法第5條記憶圖像卡

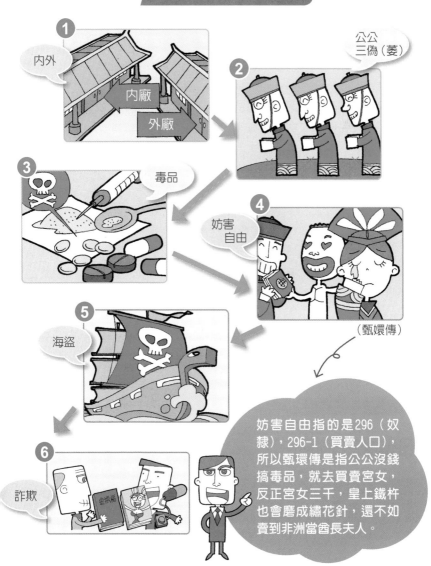

妨害自由指的是296（奴隸），296-1（買賣人口），所以甄環傳是指公公沒錢搞毒品，就去買賣宮女，反正宮女三千，皇上鐵杵也會磨成繡花針，還不如賣到非洲當酋長夫人。

法條結構記憶法

● 蓋房子記憶法：刑法第19條

　　刑法第19條最記得的應該是第3項原因自由行為之規定：「前二項規定，於因故意或過失自行招致者，不適用之。」有關原因自由行為之理論，並非討論之重點，大家可以參考一下拙著《圖解刑法：國家考試的第一本書》一書，裡面有很完整的說明。

　　重點在於刑法第19條第1、2項規定，對於記憶力普通的筆者，可真是火焰大考驗，每隔一陣子背一次，就忘記一次。

刑法第19條

Ⅰ 行為時因精神障礙或其他心智缺陷，致 <u>不能</u>（辨識其行為違法）或 <u>欠缺</u>（依其辨識而行為之能力）者，不罰。

Ⅱ 行為時因前項之原因，致其（辨識行為違法）或（依其辨識而行為之能力），<u>顯著減低</u>者，得減輕其刑。

Ⅲ 前二項規定，於因故意或過失自行招致者，不適用之。

　　如果拆解成圖像卡，恐怕會耗費太多的記憶體，而且這些內容也不太容易轉換成圖卡，就算轉換成圖卡，恐怕也與條文本意落差甚大，即便幫助了記憶，但也未必有助於理解。於是我決定把條文大卸八塊地拆了！如何拆解呢？

　　首先，刑法的條文結構有幾種類型，有些是單純定義的法條，例如刑法第10條，規範重傷、公務員等要件；也有些是符合構成要件及法律效果的法條，例如刑法第271條的殺人罪，殺人為構成要件，處死刑、無期徒刑或10年以上有期徒刑，則是法律效果。

將拆解的磚塊、水泥、鋼筋組合起來

經過仔細分析，這個條文也是有構成要件與法律效果兩個部分，所以可以拆解成下列結構：

構成要件		法律效果
原因	結果	
精神障礙或其他心智缺陷	不能（辨識其行為違法）或欠缺（依其辨識而行為之能力）	不罰
因前項之原因（精神障礙或其他心智缺陷）	其（辨識行為違法）或（依其辨識而行為之能力），顯著減低	得減輕其刑
A	B	C

- 精神障礙或其他心智缺陷：精障心缺，多背幾次就有韻味了。
- 不能、欠缺、顯著降低
- 辨識其行為違法、依其辨識而行為之能力：記得兩個例子，瘋子殺人（根本不知道行為錯了）、哈佛法學博士賣場偷東西（知道行為是錯的，但無法克制自己偷竊慾望）

以上內容最後再組合起來，練習個幾次，就可以背很熟囉！

💡小小經驗

　　依據筆者的個人經驗,「依其辨識而行為之能力」這句話很難記憶,因為其語法比較饒舌,辨識、行為、能力,三個順序誰先誰後,會隨著時間的經過而忘記。

　　後來是想一些相關聯的例子,假想有很多學生聽我授課,將這個例子多講幾遍,久了就熟悉了。

練習一下

　　下列民法的法條跟刑法第 **19** 條非常相近，你可以嘗試拆解後，再組合起來，並在最短時間記憶起來嗎？

民法第14條

Ⅰ 對於因精神障礙或其他心智缺陷，致不能為意思表示或受意思表示，或不能辨識其意思表示之效果者，法院得因本人、配偶、四親等內之親屬、最近 1 年有同居事實之其他親屬、檢察官、主管機關或社會福利機構之聲請，為監護之宣告。

Ⅱ 受監護之原因消滅時，法院應依前項聲請權人之聲請，撤銷其宣告。

Ⅲ 法院對於監護之聲請，認為未達第 1 項之程度者，得依第 15-1 條第 1 項規定，為輔助之宣告。

Ⅳ 受監護之原因消滅，而仍有輔助之必要者，法院得依第 15-1 條第 1 項規定，變更為輔助之宣告。

民法第15-1條

Ⅰ 對於因精神障礙或其他心智缺陷，致其為意思表示或受意思表示，或辨識其意思表示效果之能力，顯有不足者，法院得因本人、配偶、四親等內之親屬、最近 1 年有同居事實之其他親屬、檢察官、主管機關或社會福利機構之聲請，為輔助之宣告。

Ⅱ 受輔助之原因消滅時，法院應依前項聲請權人之聲請，撤銷其宣告。

Ⅲ 受輔助宣告之人有受監護之必要者，法院得依第 14 條第 1 項規定，變更為監護之宣告。

左頁民法的規定，用詞主要是：

第14條：不能「為意思表示」、「受意思表示」，或不能「辨識其意思表示之效果」。

第15-1條：「為意思表示」、「受意思表示」、「辨識其意思表示之效果」顯有欠缺。

與刑法第19條的用語不同，主要是民法法律行為的架構是「為」、「受」意思表示，當意思表示一致，就會產生法律「效果」。如果能瞭解民法法律行為的概念，這兩個條文就不難理解。

下列行政罰法的法條也跟刑法第19條非常相近，如果也是你的考試範圍，要不要來練習一下，能否在最短時間內記憶起來？

行政罰法第9條

Ⅰ未滿14歲人之行為，不予處罰。

Ⅱ14歲以上未滿18歲人之行為，得減輕處罰。

Ⅲ行為時因精神障礙或其他心智缺陷，致不能辨識其行為違法或欠缺依其辨識而行為之能力者，不予處罰。

Ⅳ行為時因前項之原因，致其辨識行為違法或依其辨識而行為之能力，顯著減低者，得減輕處罰。

Ⅴ前二項規定，於因故意或過失自行招致者，不適用之。

● 特殊結構的條文：刑法第15條不作為犯

　　刑法第15條是不作為犯的規定，條文的內容並不複雜，可是太久沒唸，簡單的條文還是像搭乘雲霄飛車的過程一樣，轉來轉去搞不清楚先後順序，這又讓我困擾了起來。拆解都很簡單，測試了很多很多的方法，難道最後還是要拆解到細部結構後，再用花費最大資源的圖像法一個一個去記憶嗎？

　　先來看看條文好了：

刑法第15條

Ⅰ 對於犯罪結果之發生，法律上有防止之義務，能防止而不防止者，與因積極行為發生結果者同。

Ⅱ 因自己行為致有發生犯罪結果之危險者，負防止其發生之義務。

條文意義

　　這是不作為犯的條文。簡單來說，什麼都不做就不會犯罪嗎？當然不是。最常舉的例子，救生員對於溺水的泳客見死不救、媽媽不餵食嬰兒導致餓死；救生員沒有救助的行為、媽媽沒有餵食的行為，都是屬於要處罰的不作為。

　　但是並不是所有的不作為都要處罰，例如看到路邊有遊民快餓死了，一般路過的民眾有道德上的義務，但是在法律上不理會並不屬於要處罰的不作為犯。否則，一位遊民死亡，全世界的人都犯罪了。所以，第1項就是宣告，要有作為義務，不作為犯才要處罰。至於第2項就是作為義務的類型之一：危險前行為。

該如何記憶？

對於此一條文，一開始我設定的記憶線索是「能防止而不防止」，轉換成「能戴套而不戴套」，這樣子雖然有點色，但是對於這一句話卻非常好記，效果可以給個讚！

但是經過一段時間之後，卻發現只能對這句話的記憶有幫助，要擴展到第1項的第一句話與第二句話，還是不太容易，更不用說第2項；這樣子的結果實在讓人沮喪，因為這個條文並不是那麼困難，但是對於記憶力很差的我，卻是一忘再忘。「記憶線索」只能很確定其中一句話不會忘記，其他的部分還是有很混淆的感覺。

後來把法律條文拆解後，發現可以用下表「結構＋圖像」來記憶，配合上性行為、懷孕、戴套不戴套，整體效果還不錯：

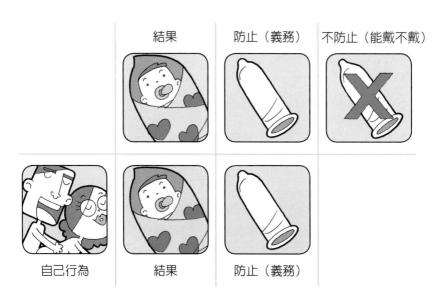

| 結果 | 防止（義務） | 不防止（能戴不戴） |
| 自己行為 | 結果 | 防止（義務） |

（上圖說明請參照第158頁表格）

第1項	第2項
對於犯罪結果之發生，法律上有防止之義務，能防止而不防止者，與因積極行為發生結果者同。	因自己行為致有發生犯罪結果之危險者，負防止其發生之義務。
記憶說明： 對於女孩子懷孕（犯罪）結果之發生，法律上有防止之義務（防止懷孕），能防止（戴套）而不防止（不戴套）者，與因積極行為發生結果者同。	記憶說明： 因自己行為（性愛行為）致有發生犯罪結果（懷孕結果）之危險者，負防止其發生之義務。（防止懷孕發生之義務，事前戴套、事後吃避孕藥）

　　此外，拙著《圖解刑法：國家考試的第一本書》中也有個不錯的例子，這個例子在法律記憶法課程也有教過，效果還不錯。（參照右頁圖）

　　故事內容為：宿舍已經實施門禁無法外出，男學生勸女學生跳樓，並承諾將會在一樓穩穩接住女學生。結果女學生跳下來，男生一想：天啊！這女的 So Fat！我怎麼接得住！就一跳閃開，女學生落地受傷。男學生的承諾，已經屬於一種危險前行為，應該要負擔防止女學生墜地的義務。

　　火災現場也有很多人會說：快跳啊！快跳啊！

　　可是底下還沒有放任何安全措施，從高樓跳下來會造成死亡的結果。這種叫人跳下來的行為，也會成為危險前行為。

女學生跳樓事件

男：一起出來玩吧！
女：可是宿舍有門禁，出不去耶。

男：沒關係！你從樓上跳下來，
　　我會接住你。

女：我跳下來囉！
男：好可怕……

哎唷！！
我的媽
啊！！

男：對不起，我不敢接……
女：嗚……

多記幾個記憶方法，像是買個
保險一樣，而且有趣的例子不
會造成你記憶超載的負擔。

條號	內容
刑法第14條第1項	行為人雖非故意,但按其情節應注意,並能注意,而不注意者,為過失。
刑法第15條第1項	對於犯罪結果之發生,法律上有防止之義務,能防止而不防止者,與因積極行為發生結果者同。
行政罰法第10條第1項	對於違反行政法上義務事實之發生,依法有防止之義務,能防止而不防止者,與因積極行為發生事實者同。

●筆 記●

計算公式記憶法

● 剩餘財產分配請求權：民法第 1030-1 條第 1 項

　　民法親屬繼承有很多條文，本身就是計算公式，只要能夠把計算公式寫出來，在實際案例運用上就不太會出問題，讓我們先來看民法第 1030-1 條第 1 項夫妻婚後剩餘財產分配請求權：（參照右頁圖）

民法第 1030-1 條第 1 項

法定財產制關係消滅時，夫或妻現存之婚後財產，扣除婚姻關係存續所負債務後，如有剩餘，其雙方剩餘財產之差額，應平均分配。但下列財產不在此限：

一、因繼承或其他無償取得之財產。

二、慰撫金。

　　簡單舉個實際數字的例子，並嘗試計算如下：

　　志明離婚時扣除掉負債，婚後財產還有 800 萬元，繼承 2,000 萬元。

　　春嬌離婚時扣除掉負債，婚後財產還有 200 萬元，發生車禍慰撫金 100 萬元。

　　兩個人都有剩餘，車禍慰撫金 100 萬元不計入。

　　雙方剩餘財產之差額＝ 800 － 200 ＝ 600 萬元

　　應平均分配→ 600 ÷ 2 ＝ 300 萬元

　　很簡單吧！

　　民法第 1030-2 條，探討拿娘（婆）家的財產來填補夫妻債務的坑洞，或者是拿夫妻的錢來填補娘（婆）家的坑洞時，這個債務該如何計算。

　　民法第 1030-3 條，則是現存婚後財產如何計算。

　　民法第 1030-4 條，則是現存婚後財產價值計算的時點。

剩餘財產分配請求權之計算公式

　　兩條直線是絕對值的概念。

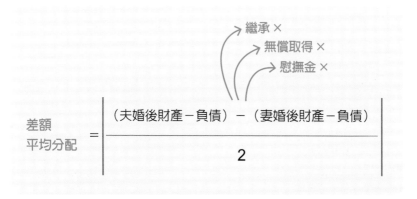

　　有些考生考試時會將計算公式寫在考卷上，但法律科目的考試並不習慣寫公式，應該避免。

　　上述公式也可以進一步將文字轉換為圖像，例如「夫婚後財產」可以想像男生開著賓利汽車，而「妻婚後財產」則是女生戴滿珠寶。

● 配偶之應繼分：民法第1144條規定

　　配偶到底能夠分配到多少錢？在民法繼承篇算是蠻常見的計算考題，剛背起來的時候，第幾順位的比例各是多少，並不會搞不清楚。但是隨著記憶的時間逐漸過去，就會開始有些模糊；特別會搞不清楚的部分，就是第三順序到底是二分之一，還是三分之二。

民法第1144條

配偶有相互繼承遺產之權，其應繼分，依左列各款定之：

一、與第1138條所定第一順序之繼承人同為繼承時，其應繼分與
　　他繼承人<u>平均</u>。

二、與第1138條所定第二順序或第三順序之繼承人同為繼承時，
　　其應繼分為遺產<u>二分之一</u>。

三、與第1138條所定第四順序之繼承人同為繼承時，其應繼分為
　　遺產<u>三分之二</u>。

四、無第1138條所定第一順序至第四順序之繼承人時，其應繼分
　　為遺產<u>全部</u>。

第一順序之繼承人

　　如果與直系血親卑親屬，就是大家平均分配，你有多少，我就有多少。所以右頁中間的圖應繼遺產是600萬元，一個老婆、一個兒子平均分配下來，應各拿300萬元。

　　如右頁下方的圖，應繼遺產是600萬元，一個老婆、五個兒女平均分配下來，計每人各拿100萬元。

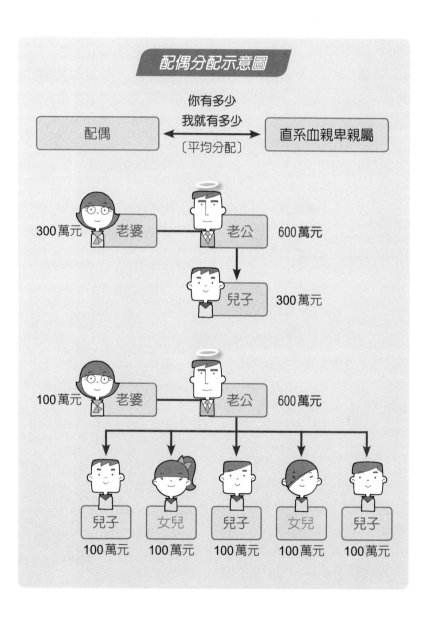

配偶分配示意圖

你有多少
我就有多少

配偶 ←〔平均分配〕→ 直系血親卑親屬

300 萬元　老婆　　老公　600 萬元

兒子　300 萬元

100 萬元　老婆　　老公　600 萬元

兒子　女兒　兒子　女兒　兒子
100 萬元　100 萬元　100 萬元　100 萬元　100 萬元

第二、三順序之繼承人

如果是第二、三順序之繼承人，也就是父母、兄弟姊妹，這時候配偶一定有二分之一，而父母、兄弟姊妹則是分配剩餘的應繼遺產。（如右頁上圖）

例如應繼財產是600萬元，繼承人有老爸、老媽以及老婆3人，老婆先拿二分之一，也就是300萬元，剩餘的300萬元則由老爸、老媽平均分配，各得150萬元。（如右頁中圖）

同樣地，如果應繼財產是600萬元，繼承人有哥哥、妹妹以及老婆3人，老婆先拿二分之一，也就是300萬元，剩餘的300萬元則由哥哥、妹妹平均分配，各得150萬元。

第四順序之繼承人

如果是第四順序之繼承人，也就是祖父母，這時候配偶一定有三分之二，祖父母則分配剩餘的應繼遺產。

例如應繼財產是600萬元，繼承人有爺爺、奶奶以及老婆3人，老婆先拿三分之二，也就是400萬元，剩餘的200萬元則由爺爺、奶奶平均分配，各得100萬元。（如右頁下圖）

配偶分配示意圖

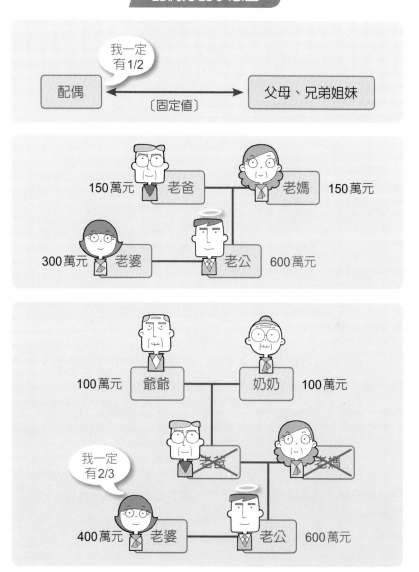

● 特種贈與之歸扣：民法第1173條規定

這一條文在國家考試中非常愛考，關鍵點在於結婚、分居、營業三種情況，通常這一條並不需要背起來，只要知道是哪一條，以及哪三種情況，還有應繼遺產該如何計算即可。

民法第1173條

I 繼承人中有在繼承開始前因結婚、分居或營業，已從被繼承人受有財產之贈與者，應將該贈與價額加入繼承開始時被繼承人所有之財產中，為應繼遺產。但被繼承人於贈與時有反對之意思表示者，不在此限。

II 前項贈與價額，應於遺產分割時，由該繼承人之應繼分中扣除。

III 贈與價額，依贈與時之價值計算。

條文意義

白話的說法就是為了公平起見，假設豬爸爸生了四隻小豬，老三娶老婆（結婚），急著要洞房，隨便蓋了間茅草屋，老爸給了500萬元；老二搬出去住（分居），蓋了間木造房子，老爸給了500萬元；老大開了間公司（營業），也蓋了一個磚造的房子，老爸也給了500萬元。

這三個兒子，已從被繼承人（豬老爸）受有財產之贈與，但是老四還沒分到，如果這時候老爸走了，剩下的財產是500萬元，若還是由四個豬兒子平分，並不公平，所以應將三個豬兒子先前受贈的價額——三筆500萬元加入應繼財產中。

歸扣

因為結婚、或買新房子、或開公司自立門戶，都必須要花錢，許多父母都會提供一些資金，這些錢在繼承事由發生時，除非父母有反對之意思表示，否則都必須將價額算入應繼財產中。

① 結婚

③ 營業

COFFEE

② 分居

爸，我要搬出去住！

歸扣計算公式

$$應繼財產 = \begin{array}{c} 繼承開始時被繼承人所有之財產 \\ + \\ （結婚、分居或營業）贈與 \end{array}$$

記憶宮殿

第三隻小豬→結婚

第二隻小豬→分居

第一隻小豬→營業

記憶宮殿法（場所記憶法）

記憶宮殿法在很多書上都有提過，也許名稱不一樣，看到介紹文也不覺得有什麼神奇，但是真的蠻好用的。如果你有細心地看這本書，是否還記得本書第90～95頁的15項物品呢？

如果你不屬於記憶力很厲害的記憶天才，到現在卻還能記得12項以上的物品，代表這個方法頗為有效。筆者覺得這是一個不錯的記憶方法，也在生活周遭的環境中放了許多場景、記憶許多法條，每次走過這些場景，法條都會跳出來跟我報到，效果還不錯。

● 就業服務法的考驗

有一次網友給了一個小考驗，希望我幫忙設計出就業服務法第5條第1項規定的記憶方法：「為保障國民就業機會平等，雇主對求職人或所僱用員工，不得以種族、階級、語言、思想、宗教、黨派、籍貫、出生地、性別、性傾向、年齡、婚姻、容貌、五官、身心障礙或以往工會會員身分為由，予以歧視；其他法律有明文規定者，從其規定。」

這個條文雖然不難懂，但從來沒有學過，與網友討論一下考試重點，就是從種族到以往工會會員身分，共計16項物品。當時很多網友大多是採用歸納法，也有人採用關鍵字法，但我認為關鍵字的方式，將42個字縮減成16個字，效益並不大，所以決定採用記憶宮殿法（場所記憶法）。

場所，就設計在101大樓……如果您沒有去過101大樓，可以上101網站或GOOGLE地圖，大致上瞭解一下其環境與位置圖，可以虛擬產生相關環境。

名稱	位置與圖像
① 種族	101大樓信義區1樓廣場很多大陸客→種族
② 階級	進入101辦公大廳，有個階梯下去 階梯→階級
③ 語言	下去之後，迴轉進入B1超市 超市門口堆放鹽巴→語言（諧音）
④ 思想	超市內部賣魷魚絲 魷魚絲→思想
⑤ 宗教	結帳區有個穿回教服裝的收銀員 收銀員→宗教
⑥ 黨派	超市出口站著馬英九先生 馬英九先生→黨派
⑦ 籍貫	往電梯的路上，出現曼尼的影像，正在介紹他出生於多明尼加 曼尼出生地→籍貫＊
⑧ 出生地	接近電梯，聽到小孩子的哭聲，有小孩子在電梯中出生 電梯→出生地

名稱	位置與圖像
⑨ 性別	（電梯中）小孩子有小雞雞 小雞雞→性別
⑩ 性傾向	（電梯中）抬頭看著小孩子的老爸，居然是性感的猛男 性感猛男→性傾向
⑪ 年齡	電梯回到信義路廣場1樓，1樓有雕像，上面顯示著自己的年齡 雕像→年齡
⑫ 婚姻	旁邊有人拍婚紗 拍婚紗→婚姻
⑬ 容貌	往市府路轉角 林志玲身材曼妙地站在轉角→容貌
⑭ 五官	在市府路上，101的櫥窗看到自己的照片→五官
⑮ 身心障礙	路邊有位肢體不便的乞丐→身心障礙
⑯ 以往工會會員身分	進入到後方噴水池，有許多101員工在抗爭→工會會員

＊曼尼，知名棒球球員。

【第三版後記】大致上還能記得10個，其餘有些模糊，但經快速複習後，30秒內即可完全記起來。

34個怪異物品的挑戰

某次在臉書社團中看到一場記憶挑戰的活動，要將下列34個物品記起來：

乾眼症、指數律、心悸胸悶、氣仿、偏頭痛、視覺、誠信、台鐵、排列組合、觸覺、二氯苯、鼻過敏、孝順、胃食道逆流、嗅覺、腳踏車、二次函數、四氯乙烯、高鐵、高血壓、勇氣、責任、好學、汽車、機率、味覺、善良、統計、四乙鉛、三氯乙烷、甲醛、摩托車、聽覺、飛機

參賽者均可 100% 背起來

筆者認為這個測驗記憶力的活動，應該是在考驗「歸納法」的能力，只要經過分類之後，就可以更輕鬆地記憶起來。但是，分類後不照順序背起來，對於熟悉記憶術的朋友，實在沒什麼挑戰性，於是我把這個測驗活動改成「照順序背起來」，並且找了6位自願的挑戰者來記憶。當時，挑戰者全都100%背起來了，而且還是照著順序。

檢驗成果時，會問一下挑戰者是用什麼方法？花了多久的時間？這6位挑戰者分成聯想法以及記憶宮殿（場所記憶）法兩種，無論使用哪一種方法，第一次記起來大多花費30分鐘。

不同方法的記憶黏性有差異

　　喜歡進行記憶實驗的筆者，想要瞭解20天之後的記憶黏度是否還跟第一次記憶的效果一樣，真是100%嗎？

　　20天後，一一詢問這6位挑戰者，果然有了差別：

挑戰者	學歷	記憶方法	成果	有無照順序
A	文化法律	場所記憶法	34個（100%）	有照順序
B	致理設計	場所記憶法	34個（100%）	有照順序
C	輔大法律	場所記憶法	32個（約94%）	有照順序
D	東吳國貿	聯想記憶法（分組）	23個（約68%）	有照順序
E	東吳國貿	聯想記憶法（分組）	15個（約44%）	無照順序
F	輔大法律	聯想記憶法（分組）	6個（約18%）	無照順序

　　由此「20天後的記憶黏性結果」發現記憶宮殿（場所記憶）法的表現還是比較好一點，即使是化學符號也沒有困難。挑戰者C忘記了味覺、甲醛；挑戰者E、F已經無法按照順序來記憶。也難怪世界記憶大賽中，許多記憶運動員都是以記憶宮殿（場所記憶）法為主的記憶方法。

　　記憶的黏度與學歷無關。

記憶好不好
跟學歷無關
喔！

●每次都有新的考驗：行政程序法第111條規定

　　每次上讀書會，都有學員丟了一些條文來考驗筆者的設計能力。有一次在新竹，遇到學員要求協助記憶下列條文，這種條列式的條文很適合用記憶宮殿（場所記憶）法：

行政程序法第111條

行政處分有下列各款情形之一者，無效：
一、不能由書面處分中得知處分機關者。
二、應以證書方式作成而未給予證書者。
三、內容對任何人均屬不能實現者。
四、所要求或許可之行為構成犯罪者。
五、內容違背公共秩序、善良風俗者。
六、未經授權而違背法規有關專屬管轄之規定或缺乏事務權限者。
七、其他具有重大明顯之瑕疵者。

步驟一：抓關鍵字

　　請耐心看完下列說明，先抓關鍵字，且挑選之文字以容易產生具體圖像為主：⑴機關、⑵證書、⑶不能實現、⑷構成犯罪、⑸善良風俗、⑹專屬管轄、⑺其他

步驟二：擺放場所

接著將上列關鍵字放在特定位置，請依據順序、動線擺放，下列所擺放的位置，是當日讀書會學員的透天厝（一樓到二樓的樓梯開始，往上到二樓的房間與廁所），如果各位願意將位置的內容畫成圖，會更有幫助。

⑴剛踩到第一個階梯，馬上就有飛箭射向我的心臟。（機關）

⑵樓梯旁邊的牆壁，掛著一張裱褙過的證書（證書）

⑶進入二樓弟弟的房間，門上有一個很大的「Ｘ」的標誌（不能實現）

⑷打開門，看到有兩位不明人士正在吸毒（構成犯罪）

⑸再往房間內部走，看到電腦螢幕上播放Ａ片（善良風俗）

⑹牆壁上有一個管子，通到隔壁廁所（專屬管轄）

⑺進入廁所後，看到一把吉他（其他）

步驟三：轉換成文字

圖像不容易忘記，上面建立的圖像可以維持很長一段時間。即使忘記，只要記錄起來，之後很容易想起。接著只要把圖像轉換成文字即可，轉換不過來的時候，看一下條文，大概練習個2、3次就可以記得。

> 原理：
> 一、利用已知記未知：住家的位置不會改變，屬於已知，而且不會搞錯順序的已知。
> 二、圖像最好記：只要稍微複習幾次，圖像不太會忘記，可以加速複習的速度。

步驟四：練習三～四次

當你照著本例練習個三、四次會發現其實不容易忘記，正著倒著都可以記憶，因為這是利用「已知順序」原理，而且練習三、四次的時間很短暫。如果練習之後，覺得腦袋沒什麼記憶的負擔，可以繼續加一些文字在擺放位置的旁邊。

例如「一、不能由書面處分中得知處分機關者。」剛剛只有「處分機關」，接著可以加上「書面」二字，例如一本使用說明書。

或者是直接在文書下方寫著「行Ｘ院」，代表這個文書無法得知是哪個機關所為。如果有些地方想不出什麼創意，可以先暫時用反覆記憶法來補強，等到下次複習時再加強。

步驟五：複習

晚上睡覺前複習一次，隔天早上起床再複習一次。照理來說速度應該很快，忘記就拿起來看一下，尤其是轉換的部分，關鍵字不多，儘量都要轉換成功。

步驟六：逐漸加些東西

大致上，每一個部分選取不超過兩個重要的關鍵文字（第一次以一個為宜）轉換成圖案即可。大約第三次就可以順利把條文記起來，以後就不需要花太多相同的記憶時間，可以把省下來的時間用在「理解」上。

不過也不必加入太多的記憶設計，因為會造成與條文內容互相混淆的情況。

心得：先垂直再橫向

　　先利用關鍵字轉換成圖像放置於場所，先將垂直的順序記憶起來。橫向的內容通常比較少，所以可以透過反覆記憶法，或者是內容更多的話，還可以橫向發展關鍵字記憶法。

　　過去有許多網友在記憶類似此種條列式條文時，也是先抓關鍵字，然後組合成一個故事，但因為故事新創造的，久了沒複習容易忘記，必須要多次複習，才能產生出場所記憶法的「場所」效果。

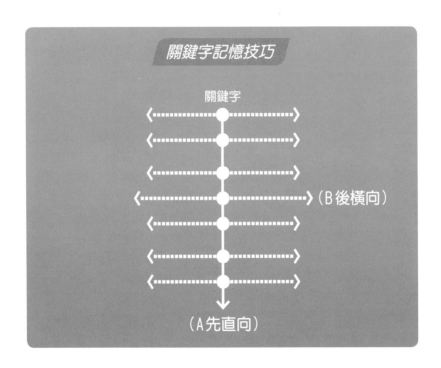

●最害怕的條文：刑事訴訟法第379條

　　刑事訴訟法是有關於「當然違背法令之事由」，過去學習法律的歷程中，我幾乎沒有背成功過，即使勉強背起來，卻總是只能記短暫時間。以下也是利用記憶宮殿（場所記憶）法，這是某次在輔大演講時，與現場輔大的學生共同模擬參觀某位同學的公寓，創造出來的場景。括弧（　）是抓取出的關鍵字。

條文內容	場所
有左列情形之一者，其判決當然違背法令：	
一、法院之<u>組織</u>不合法者。	一、一樓旁邊的藥局：內有蜂巢的蜂蜜（組織）
二、依法律或裁判應<u>迴避之法官</u>參與審判者。	二、一樓大門：法官拿著儀器（迴避之法官）
三、禁止審判<u>公開</u>非依法律之規定者。	三、大門打開之後，看到脫衣舞（公開）
四、法院所認<u>管轄</u>之有無係不當者。	四、樓梯：通水管的廣告（管轄）
五、法院受理<u>訴訟</u>或不受理訴訟係不當者。	五、陽台：樹的盆栽（訴訟，諧音樹）
六、除有特別規定外，被告未於<u>審判</u>期日到庭而逕行審判者。	六、神明桌：神明（審判）
七、依本法應用辯護人之案件或已經指定辯護人之案件，<u>辯護人</u>未經到庭辯護而逕行審判者。	七、廁所：大便（辯護人）
八、除有特別規定外，未經檢察官或自訴人到庭<u>陳述</u>而為審判者。	八、廁所前媽媽在講話（陳述）

條文內容	場所
九、依本法應<u>停止</u>或更新審判而未經停止或更新者。	九、媽媽房間：電話響了（<u>停止</u>說話，可以加個講好久，代表**9**）
十、依本法應於審判期日<u>調查</u>之證據而未予調查者。	十、學員的房間：吊帶襪（<u>調查</u>）
十一、未與被告以最後陳述之<u>機會</u>者。	十一、弟弟的房間：遊戲機（<u>機會</u>）
十二、除本法有特別規定外，已受<u>請求</u>之事項未予判決，或未受請求之事項予以判決者。	十二、弟弟的房間：籃球（<u>請求</u>）
十三、<u>未經</u>參與審理之法官參與判決者。	十三、廚房：味精（<u>未經</u>）
十四、判決不載理由或所載理由<u>矛盾</u>者。	十四、後陽台：用矛當曬衣架（<u>矛盾</u>）。

　　最常質疑的問題，就是只記得關鍵字，其他怎麼辦？

　　實際上，一般人使用的也是關鍵字記憶法，如同前面所言，先垂直後橫向，橫向因為符合「七加減二法則」，內容比較少，用反覆記憶法就可以記住剩下的文字；如果真的太多，還可以另起記憶宮殿（場所記憶）法。

　　後來因為我在不同地方教學，這個條文還用了兩個不同學員的家，抓取的關鍵字也不一樣，想不到有交叉記憶的功效，而場所記憶法的特殊點，就在於不會導致過多的記憶負擔，效果還算不錯。

● 限制行為能力人有行為能力：民法第13、77～85條

　　便利商店是筆者常去的地方，當然也就成為重要的記憶宮殿，讓我們試試看如何將難以記憶的民法第13條第3項、第77條、第83～85條放在這哩，成為長期記憶吧！

抽取關鍵字

　　先整理出關鍵字：「未成年人已結婚」、「純獲法律上利益」、「依其年齡及身分、日常生活所必需」、「詐術」、「處分財產」、「獨立營業」。

轉換階段

　　將條文中的關鍵字轉換為圖像：

關鍵字	圖像設計說明
①未成年人已結婚（民§13Ⅲ）	進入小7，看到顏X儀（顏X標之子，16歲結婚），帶著其配偶，懷孕代表13，3條辮子代表第3項。
②純獲法律上利益（民§77）	店長拿77乳加巧克力請我吃
③依其年齡及身分、日常生活所必需（民§77）	櫃台旁邊有賣一串衛生紙77元。
④詐術（民§83）	顧客：我要買菸。 店長：別騙我，你滿20歲了嗎？
⑤處分財產（民§84）	我要買那個999元的巴士（84）玩具車。 店長：你才9歲，媽媽讓你買那麼貴的東西嗎？
⑥獨立營業（民§85）	開一家85℃。

放入記憶宮殿示意圖

關鍵字
①未成年人已結婚
②純獲法律上利益
③依其年齡及身分、日常生活所必需
④詐術
⑤處分財產
⑥獨立營業

【第二版後記】
逐漸熟悉第 83、84、85 條這三個條文後，就只記憶 85°C 當作「肉粽線頭」，往前推 84 特定財產處分，83 詐術。

註：1.為了避免場景與未來新加入的東西相混淆，所以本次設計的內容都是在櫃台附近。

2.如有需要記憶條號，可以將下列數字圖像卡所代表的意義，與上列圖像設計相結合。13（孕婦）、83（爬山）、84（巴士）、85（寶物）。舉例來說：「顏 X 儀的配偶懷孕了」、「店長背著爬山裝（83）的造型」、「我趕著搭巴士（84），快點賣給我」、「水晶球＝寶物（85）」，買咖啡送寶物，或者賣 85°C 咖啡，都可以將 85 與營業連結起來。

● 消滅時效：民法第127條規定

　　過去唸民法第127條，幾乎沒有背起來過，但這還算常考的條文，所以特別以記憶宮殿（場所記憶）法設計，看是否能解決長期難以記憶的問題，條文規定如下：

民法第127條

左列各款請求權，因2年間不行使而消滅：

一、旅店、飲食店及娛樂場之住宿費、<u>飲食費</u>、座費、消費物之代價及其墊款。

二、運送費及<u>運送人</u>所墊之款。

三、以<u>租賃動產</u>為營業者之租價。

四、<u>醫生</u>、藥師、<u>看護生</u>之診費、藥費，報酬及其墊款。

五、<u>律師</u>、會計師、公證人之報酬及其墊款。

六、律師、會計師、公證人所收當事人<u>物件</u>之<u>交還</u>。

七、技師、<u>承攬人</u>之報酬及其墊款。

八、商人、<u>製造人</u>、手工業人所供給之商品及產物之代價。

　　一開始設計的記憶方法，將每一個名詞都設計出來，如第1款就設計了旅店、飲食店、住宿費、飲食費、座費、消費物等6項物品，但後來發現大腦其實很懶惰，如果一次給太多，記憶效果反而不好。後來在臺中與學員以買賣雞腳凍為腳本，共同設計雞腳凍的購買、運送過程，搭配染疫醫院以加深印象，只先抓關鍵字把條文有效率地記憶起來。

雞腳凍事件

抓關鍵字	擺放場所
第1款：飲食費	櫃台：購買雞腳凍
第2款：運送費	黑貓宅急便
第3款：租賃動產	黑貓宅急便貨車壞掉， 只好租保時捷（動產租賃）送貨
第4款：看護生	送到桃園醫院給抗疫醫護吃
第5款：律師	請律師告運送人（不敢送到染疫醫院）
第6款：物件交還	運送人官司打輸，把雞腳凍還給我
第7款：承攬人	醫院決定自己蓋雞腳凍工廠
第8款：製造人	開始製造

👁 重點提示

記憶宮殿（場所記憶）法，第一次應該力求簡單，只要抓出每款中的某個關鍵字，其他的以後再慢慢加，不必一次到位。這樣子的記憶方法，比之前想要一次設計完，違反大腦追求簡單架構的效果可是好多了。

故事記憶法

● 特殊工作的拒絕證言：刑事訴訟法第182條

刑事訴訟法第182條是拒絕證言的類型之一，條文看起來不會很難記憶，但一直無法進行長期記憶。讓我們先來看一下法條：

刑事訴訟法第182條

證人為醫師、藥師、助產士、宗教師、律師、辯護人、公證人、會計師或其業務上佐理人或曾任此等職務之人，就其因業務所知悉有關他人秘密之事項受訊問者，除經本人允許者外，得拒絕證言。

條文意義

原則上國民都有作證的義務，但是有些特殊職業者，卻有保守秘密的義務，若仍強迫其作證，恐怕與其職業上的保密義務相違背。因此，刑事訴訟法第182條特別規定這些職務的工作者，可以選擇拒絕證言。

該如何記憶？

（模擬）明星余大哥的夫人懷孕，但小孩不是他的。

第一個「醫師」可以想像胡Ｘ女兒小Ｘ的老公李進Ｘ。

劇情	條文記憶重點
懷孕流程	產檢（醫師）、安胎（藥師）、生產（助產士）
夫人懺悔	宗教師
余大哥生氣，準備打離婚官司	律師、辯護人
雙方離婚經過公證	公證人
夫人找來了會計師計算公司財產，以完成婚後財產分配	會計師
董事長助理，幫忙善後	「業務上佐理人」或「曾任此等職務之人」

　　一般來說，故事記憶法也算是場所記憶法的一種，很多人喜歡自創故事來記憶條文。這一個條文也是我早期設計的故事，但時間證明效果普通。可能是因為這個故事跟三隻小豬這種童話故事不太一樣，既然是自創，就要多練習幾次，才可以有場所記憶法「已知記未知」的效果。不過，在我校對這本書的時候，我發現要回復完全記得這幾個項目的程度還蠻快的，畢竟是有趣的故事。

　　至於這個條文後段「就其因業務所知悉有關他人秘密之事項受訊問者，除經本人允許者外，得拒絕證言。」你可以設想有記者要採訪此一事件，你可以回答說，除非余大哥授權我，我才能說。

● 強盜殺人罪、加重強盜罪：刑法第332條規定

　　強盜殺人罪是結合犯，算是蠻簡單的條文，也不必太刻意去記憶。主要記得幾個條文的位置，320竊盜、325搶奪、328強盜，接著就是332強盜殺人（同條第2項加重強盜罪）、334海盜殺人（同條第2項加重海盜罪）。

　　至於這兩條的第2項都有4款，內容都相同，分別是放火、強制性交、擄人勒贖、使人受重傷。（參照右頁圖）

刑法第332條

Ⅰ 犯強盜罪而故意殺人者，處死刑或無期徒刑。

Ⅱ 犯強盜罪而有下列行為之一者，處死刑、無期徒刑或10年以上有期徒刑：

一、放火者。

二、強制性交者。

三、擄人勒贖者。

四、使人受重傷者。

刑法第334條

Ⅰ 犯海盜罪而故意殺人者，處死刑或無期徒刑。

Ⅱ 犯海盜罪而有下列行為之一者，處死刑、無期徒刑或12年以上有期徒刑：

一、放火者。

二、強制性交者。

三、擄人勒贖者。

四、使人受重傷者。

①放火者：強盜先放火，可以想像新版電影007第1集在沙漠旅館中也是發生大爆炸起火。這個火也可以當作慾火，可以與下一個強制性交相結合。

②強制性交者：新版電影007第1集的沙漠旅館雖然發生大火，反對派陣營的將軍還是堅持要強制性交。

③擄人勒贖者：007來救女子，壞將軍將女子擄走。

④使人受重傷者：最後壞將軍對女孩子挖眼報復。

笑話記憶法

　　笑話也算是故事的一種，所以姑且把笑話記憶法放入其中。

　　所謂容許性構成要件錯誤，是指行為人對於法定阻卻違法事由發生錯誤，也就是說行為人誤以為存在阻卻違法事由的事實，而實施防衛或避難之行為。包括「**誤想正當防衛**」以及「**誤想緊急避難**」兩種類型，分別論述如下：

一、誤想正當防衛

　　行為人誤以為客觀上存在不法侵害之事實，而誤以為其所為之防衛行為得以阻卻違法。行為人仍具有構成要件故意，但欠缺故意罪責，可能成立過失犯罪。

　　例如甲見乙伸手撈衣，懷疑乙要拿槍攻擊，以為自己有正當防衛的權利，遂向乙攻擊，並未有犯罪之故意。實務上認為此種情形，甲應該判斷乙是否取槍抗拒，對此情節應注意，又非不能注意之事，竟貿然向乙攻擊，致使乙受傷死亡，成立過失致死罪。《最高法院29年度上字第509號判例》

二、誤想緊急避難

　　行為人誤以為客觀上有阻卻違法之事實存在，而錯誤地為緊急避難行為。其行為並沒有阻卻違法事由之適用，無得以阻卻違法，仍具備違法性。

誤想防衛

導演在馬路上拍攝強盜殺人劇情

演員演強盜持刀殺害路人之情節

路人甲誤以為劇中演員乙拿刀砍
人是真實情節

路人甲將乙手中的刀奪下,並將
乙打傷

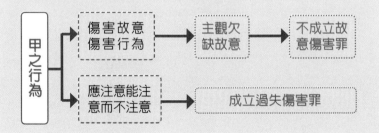

甲之行為

→ 傷害故意 傷害行為 → 主觀欠缺故意 → 不成立故意傷害罪

→ 應注意能注意而不注意 → 成立過失傷害罪

久了，還是很容易搞混

時間久了，什麼誤想防衛、誤想緊急避難依舊很容易跟其他相類似的名詞搞混，網友提供了一個笑話，說不定有助於加深此一名詞的印象：

> 一個手臂斷掉的人到醫院掛急診。
>
> 醫生問：「你的手是怎麼受傷的？」
>
> 病人：「都是因為鞋子裡有石頭跑進去！」
>
> 醫生不解的問：「鞋子裡有石頭……為什麼手會斷掉呢？」
>
> 病人無奈地回答：「在路上走著走著，一顆石頭就跑到鞋子裡，因為覺得不舒服，恰好旁邊有一根電線桿，我就將手撐在電線桿上，腳不停抖著，希望能把石頭抖出來。
>
> 這時剛好有個路人經過，他以為我觸電了，就用木棒朝我的手用力打下去，所以我的手就斷了……。」

本例為誤想緊急避難的情況，路人以為這位病人遭遇到觸電的緊急危難，為了救其一命，而希望用木棒將其與電線桿分開，用力過猛而將其手臂打斷。（參見右頁下圖）

一對情侶在捷運列車上摸來摸去，某甲以為女子遭到色狼騷擾。

某甲打了其誤以為是色狼的男子一巴掌。

●公務員領域外犯罪之適用：刑法第6條

時事記憶法可以套用在很多條文中，例如刑法第6條也是很典型的條文，請參見下列條文內容：

刑法第6條

本法於中華民國公務員在中華民國領域外犯左列各罪者，適用之：
一、第121條至第123條、第125條、第126條、第129條、第131條、第132條及第134條之瀆職罪。
二、第163條之脫逃罪。
三、第213條之偽造文書罪。
四、第333-1條之侵占罪。

這個條文還是得要借用「阿扁」一下。

先整理一下關鍵字：瀆職、脫逃、偽造文書、侵占
①瀆職罪：瀆職不必解釋太多，因為阿扁觸犯的罪名大多是瀆職罪。
②脫逃罪：接著脫逃罪的部分，劇本寫著阿扁要脫逃至大陸。
③偽造文書罪：想像成持偽造文書逃出海關，飛往大陸。
④侵占罪：阿扁拖著大量的金銀財寶離開國門，也就是侵占罪。

　　但是這條文的第1款還有細部的條文必須要想辦法背起來，可以理解各個條文的內容之後，再想辦法透過數字圖卡或者是其他方式來記憶，以下先將條號整理如下，記憶法請自行發揮創意與想像力：

條號	罪名	記憶法
第121條	職務上瀆職罪	
第122條	違背職務瀆職罪	
第123條	預為瀆職罪	
第125條	濫行追訴處罰罪	
第126條	凌虐人犯罪	
第129條	違法徵收稅款罪	
第131條	圖利罪	
第132條	洩漏或交付國防以外秘密罪	
第134條	不純正瀆職罪	

● 刑法第31條身分犯：阿扁與阿珍女士

　　身分犯和不作為犯大概是學刑法最常練習的條文之二，但是對於法條上來說卻老是記不太起來。在前文，已經運用法條結構記憶法幫助各位讀者記憶不作為犯的條文，如果印象還深刻，應該會想到犯罪結果（嬰兒圖卡）、因自己行為（性愛圖卡）等關鍵點，逐漸就把條文記憶起來了。

　　現在輪到第31條，讓我們先看一下條文：

刑法第31條

Ⅰ 因身分或其他特定關係<u>成立</u>之罪，其共同實行、教唆或幫助者，雖<u>無特定關係</u>，仍以正犯或共犯論。但得減輕其刑。

Ⅱ 因身分或其他特定關係致刑有<u>重輕或免除</u>者，其無特定關係之人，科以通常之刑。

　　這一個條文的結構很簡單，主要都是探討沒有身分者該怎麼論處，借用前總統的案例來協助記憶（請勿政治聯想）：

項	條文結構	記憶法
第1項	特定關係➡成立 （共同實行、教唆、幫助） 無特定關係➡正犯或共犯	阿扁與阿珍 （公務員身分）特定關係➡貪瀆罪 阿珍無特定關係➡正犯或共犯
第2項	特定關係➡刑有重輕或免除 無特定關係➡科以通常之刑	殺父案 （兒子身分）特定關係➡殺害直系血親尊親屬罪，較殺人罪重 隔壁鄰居一起幫忙殺（無特定關係）➡科以通常之刑

純正身分犯：刑法第31條第1項示意圖

| 阿扁 | ➡ | 公務員特定關係 | ➡ | 貪瀆罪 |

| 阿珍 | ➡ | 無特定關係 | ➡ | 貪瀆罪正犯或共犯 |

不純正身分犯：刑法第31條第2項示意圖

兒子殺父
➡殺害直系血親
　尊親屬

鄰居幫兒子
➡殺人罪（科以通常之刑）

刀子借你

● 民法第759條：大埔事件

　　此一條文不難，短短的幾句話，但卻不是那麼好記憶。長期下來，大概只記得徵收，其他真的就很難有印象。這就讓我很納悶了，怎麼會這麼簡單的條文卻很難記憶。但如果背不起來也不能怪自己，因為又不像是民總，當你學習到物權的時候，民總早就不知道複習N次了。所以，有必要透過一些記憶方法，讓這一個條文不再反覆記憶而記不起來。

民法第759條

因繼承、強制執行、徵收、法院之判決或其他非因法律行為，於登記前已取得不動產物權者，應經登記，始得處分其物權。

　　大埔事件，是苗栗縣竹南鎮大埔地區的農民抗爭事件，起因於2010年6月9日苗栗縣政府強制徵收農地，此一事件引發社會很多動盪，屬於知名的時事案例。

我的思考方式：

　　我在大埔那邊工作過，早期很多人繼承土地，可以假想上一代欠錢，繼承人繼承債務，而被債權人強制執行，好景不長，這次政府也來徵收參一腳，繼承人覺得不公平，跑去跟法院打官司，但是法院也判決當事人敗訴。

電影記憶法

●九品芝麻官：刑事訴訟法之強制處分

前面有提到電影「2012」作為憲法第23條的記憶宮殿。筆者很愛看電影，常常一部電影看了又看，如果能把這些電影情節記起來，並且放上我要記憶的條文，就可以一邊看電影一邊背法條，那該有多好啊！

不過說到電影，過去要學習刑事訴訟法最經典的應該是周星馳主演的「九品芝麻官」，伴隨著我這個年代的人度過無聊的唸書時光，有網友很有才地將本電影與刑事訴訟法之條文相結合，例如刑法第168條的偽證罪，可以連接到該電影的某個橋段：

●包龍星：打更的，上次你的口供前後不符，我再給你最後一個機會，再說一次，那天你到戚家到底看到了什麼？

●打更人：我……（看見豹頭拖著兩條腿走過）啊！大人，我當時看見常威在打來福，然後戚家的狗就撲上去咬常威，然後常威就把狗踢死了，然後來福就跑了，然後我也想跑，誰知常威一腳踢過來，我就昏倒了。

●包龍星：為什麼上次你不這麼說？

●打更人：上次方唐鏡給了我500兩，叫我這麼說的，大人，你千萬別鍘我呀！

●方唐鏡：你不要亂講話呀。

引自：電影「九品芝麻官」

這一個橋段涉及到刑法的偽證罪（168）、偽證自白（172），條文內容如下：

刑法第168條

於執行審判職務之<u>公署審判</u>時或於檢察官偵查時，<u>證人</u>、鑑定人、通譯於案情有重要關係之事項，供前或供後具結，而為<u>虛偽陳述</u>者，處7年以下有期徒刑。

關鍵字：公署審判、證人、虛偽陳述

168，可以想像成一個人拿著喇叭（68），大聲喊：說實話。

刑法第172條

犯第168條至第171條之罪，於所<u>虛偽陳述</u>或所誣告之案件，<u>裁判</u>或懲戒處分<u>確定前自白</u>者，減輕或免除其刑。

關鍵字：虛偽陳述、裁判、確定前自白

當然也牽涉到刑事訴訟法之程序，例如包龍星這麼積極地介入，主要是因為認為被告戚秦氏是無辜的，所以可以參考刑事訴訟法第163條第2項規定：

刑事訴訟法第163條第2項

法院為發見真實，得依職權調查證據。但於公平正義之維護或對被告之<u>利益有重大關係</u>事項，法院<u>應依職權調查</u>之。

關鍵字：利益有重大關係、應依職權調查

● 電影來找碴：刑事訴訟法之勘驗

　　歷史衙門審理案件，在程序上通常不是很嚴謹，有著充分的人治感覺，所以民眾期盼包青天的存在，而不是期待程序的建置。因此，九品芝麻官已經算是稍有刑事訴訟程序之電影，可以與現行刑事訴訟法相比較，找到不相符合之處。再來一個橋段：

● 豹頭：大人，你看！每具屍體只有喉部發黑，其他部位都很正常，以我豹頭當差30年的經驗來看，死者一定是死後被人灌毒，所以毒液留在喉部，而流不到腹部，每具屍體都有骨折的現象，然後再用鋼釘接上，分明是死於武林高手之下，而事後就有人隱匿死因。

● 包龍星：常威，你都聽到了？

● 方唐鏡：大人，這次關我的事了。他剛才說，死者全死於武林高手之下，我們常公子根本就不會武功，又怎可證明他殺人呢？

引自：電影「九品芝麻官」

　　有關屍體的部分，是適用刑事訴訟法勘驗之程序。

刑事訴訟法第212條

法院或檢察官因調查證據及犯罪情形，得實施勘驗。

　　依據本電影之劇情，最後發現兩點。

　　第一，這些屍體死因為被打死，且殺人犯武功高強。

　　第二，這些屍體是死後遭人灌毒。

有關勘驗、鑑定向來是國家考試比較冷門的出題區，但還是有一些出題的機率，所以可參考電影情節，比對一下條文，至少可以讓你有些印象，而不會學完刑事訴訟法，實務上常用的鑑定、勘驗都搞不清楚規定。

勘驗，得為左列處分：

一、履勘犯罪場所或其他與案情有關係之處所。

二、檢查身體。

三、檢驗屍體。

四、解剖屍體。

五、檢查與案情有關係之物件。

六、其他必要之處分。

Ⅰ行勘驗時，得命證人、鑑定人到場。

Ⅱ檢察官實施勘驗，如有必要，得通知當事人、代理人或辯護人到場。

Ⅲ前項勘驗之日、時及處所，應預行通知之。但事先陳明不願到場或有急迫情形者，不在此限。

Ⅰ檢驗或解剖屍體，應先查明屍體有無錯誤。

Ⅱ檢驗屍體，應命醫師或檢驗員行之。

Ⅲ解剖屍體，應命醫師行之。

刑事訴訟法第217條

Ⅰ 因檢驗或解剖屍體，得將該屍體或其一部暫行留存，並得開棺及發掘墳墓。

Ⅱ 檢驗或解剖屍體及開棺發掘墳墓，應通知死者之配偶或其他同居或較近之親屬，許其在場。

刑事訴訟法第218條

Ⅰ 遇有非病死或可疑爲非病死者，該管檢察官應速相驗。

Ⅱ 前項相驗，檢察官得命檢察事務官會同法醫師、醫師或檢驗員行之。但檢察官認顯無犯罪嫌疑者，得調度司法警察官會同法醫師、醫師或檢驗員行之。

Ⅲ 依前項規定相驗完畢後，應即將相關之卷證陳報檢察官。檢察官如發現有犯罪嫌疑時，應繼續爲必要之勘驗及調查。

● 你找到電影內容與現行規定不相符合之處了嗎？

●準強盜罪：刑法第329條

　　這一條條文算是蠻常考的，簡單來說，就是「先」竊盜或搶奪，「後」有等同於強盜的暴力脅迫行為，就當作跟強盜一樣惡劣。

刑法第329條

竊盜或搶奪，因防護贓物、脫免逮捕或湮滅罪證，而當場施以強暴脅迫者，以強盜論。

　　學習本條文時須與刑法第328條強盜罪一起記憶：

刑法第328條第1項

意圖為自己或第三人不法之所有，以強暴、脅迫、藥劑、催眠術或他法，至使不能抗拒，而取他人之物或使其交付者，為強盜罪，處5年以上有期徒刑。

　　本罪共有三個行為，防護贓物、脫免逮捕或湮滅罪證，可以將電影「盜數計時」一開始偷銀行現金的劇情，到最後施以強暴脅迫的行為過程，當作記憶宮殿，將這三個行為記起來。（如右頁圖）

　　如果看完電影，也順便背了一條法條，不是很快樂嗎？

電影－「盜數計時」劇情

　　幾個小偷偷了千萬美金，但因為一個小衝突，導致在警察追捕下，首腦威爾只好將錢燒光，還被抓去監獄關了幾年。 出來後，一堆人都以為威爾把錢藏起來，於是就綁架其女兒，逼迫其拿錢出來。

　　其中一開始偷銀行的劇情可以與本罪結合：

　　竊盜首腦威爾，與同夥竊取銀行的現鈔，但在離開犯罪現場的途中，遇到一位老人，同夥要將之槍殺滅口，但威爾嚴詞拒絕，只願意偷錢不願意殺人，並與同夥發生爭吵扭打。

　　拖了很長時間，才因槍傷同夥後將其制伏拖上箱型車，但突然想起所竊得的現鈔還丟在老人附近，威爾三步併作兩步地回去撿起了鈔票，但這時候警察已經快要追上，其餘同夥車子一開就跑了。

構成要件	劇情
防護贓物	威爾抓起並抱緊了這千萬美金
脫免逮捕	趕緊不斷奔跑、與警車進行飛車追逐
湮滅罪證	最後實在是逃不走，只好把鈔票都燒得精光

其他歸納整理

● 逮捕

刑法第125條第1項	有追訴或處罰犯罪職務之公務員，為左列行為之一者，處1年以上7年以下有期徒刑： 一、濫用職權為逮捕或羈押者。 二、意圖取供而施強暴脅迫者。 三、明知為無罪之人，而使其受追訴或處罰，或明知為有罪之人，而無故不使其受追訴或處罰者。
刑法第161條第1項	依法逮捕、拘禁之人脫逃者，處1年以下有期徒刑。
刑法第162條第1項	縱放依法逮捕拘禁之人或便利其脫逃者，處3年以下有期徒刑。
刑法第163條第1項	公務員縱放職務上依法逮捕拘禁之人或便利其脫逃者，處1年以上7年以下有期徒刑。
刑法第164條第1項	藏匿犯人或依法逮捕拘禁之脫逃人或使之隱避者，處2年以下有期徒刑、拘役或1萬5千元以下罰金。
刑法第167條	配偶、五親等內之血親或三親等內之姻親圖利犯人或依法逮捕拘禁之脫逃人，而犯第164條或第165條之罪者，減輕或免除其刑。
刑法第329條	竊盜或搶奪，因防護贓物、脫免逮捕或湮滅罪證，而當場施以強暴脅迫者，以強盜論。

● 湮滅

刑法第 165 條	偽造、變造、湮滅或隱匿關係他人刑事被告案件之證據，或使用偽造、變造之證據者，處 2 年以下有期徒刑、拘役或 1 萬 5 千元以下罰金。
刑法第 329 條	竊盜或搶奪，因防護贓物、脫免逮捕或湮滅罪證，而當場施以強暴脅迫者，以強盜論。

延續性分析

　　從左頁逮捕的型態中，還可以發現刑法第 161 ～ 164 條的條文，可以歸納成下列類型：

161：自己逃。

162：自己人闖進監獄幫忙逃。

163：公務人員幫忙逃。

164：逃完之後，有人幫忙藏匿、隱避。

（參照本書第 208 ～ 209 頁）

創意記憶法

● 常爆冷門的脫逃罪

脫逃罪考過幾次，很多考生因為沒有特別記憶這幾條而與上榜擦肩而過。譬如說102年三等地特考過下面這一題：

甲因涉嫌犯重罪而被羈押在看守所，甲的家屬乙為營救甲，透過層層關係而結識看守所管理人員丙，並拿出 100 萬元要求其協助甲逃跑。因丙積欠不少債務，遂收下100 萬元，允諾幫忙。

某日，甲被借提出庭偵訊，丙利用機會，偷偷交付甲一副鑰匙與一把小型美工刀。甲在借提押解至地方法院檢察署途中，乘押解員警A不注意時，打開手銬與腳鐐，從A的後腦予以重擊，並以美工刀割傷 A 的脖子，A 受傷倒地不起，甲隨即攔下一輛計程車，逃之夭夭。問甲、乙、丙之 為應如何論罪？

上題中，涉及到：

（1）被羈押人甲：刑法第161條

（2）家屬乙：刑法第162條

（3）公務員丙：刑法第163條

如果能將基本條文結構記得很清楚，這一題拿個15分以上應該不是問題。

> **記憶方法**
>
> 刑法第161-163條
> 基本上有兩個層次的口訣
> 第一個層次：161、162、163，一個人要溜（16），123逃。
> 第二個層次：161自己逃、162別人幫忙逃、163公務員幫忙逃。

刑法第161條

Ⅰ 依法逮捕、拘禁之人脫逃者，處1年以下有期徒刑。(自己逃)

Ⅱ 損壞拘禁處所械具或以強暴脅迫犯前項之罪者，處5年以下有期徒刑。(自己強暴脅迫逃)

Ⅲ 聚眾以強暴脅迫犯第1項之罪者，在場助勢之人，處3年以上10年以下有期徒刑。首謀及下手實施強暴脅迫者，處5年以上有期徒刑。(自己聚眾逃)

Ⅳ 前三項之未遂犯，罰之。

刑法第162條

Ⅰ 縱放依法逮捕拘禁之人或便利其脫逃者，處3年以下有期徒刑。(別人幫忙逃)

Ⅱ 損壞拘禁處所械具或以強暴脅迫犯前項之罪者，處6月以上5年以下有期徒刑。(別人幫忙強暴脅迫逃)

Ⅲ 聚眾以強暴脅迫犯第1項之罪者，在場助勢之人，處5年以上12年以下有期徒刑；首謀及下手實施強暴脅迫者，處無期徒刑或7年以上有期徒刑。(別人聚眾幫忙逃)

Ⅳ 前三項之未遂犯罰之。

Ⅴ 配偶、五親等內之血親或三親等內之姻親，犯第1項之便利脫逃罪者，得減輕其刑。

刑法第163條

Ⅰ 公務員縱放職務上依法逮捕拘禁之人或便利其脫逃者，處1年以上7年以下有期徒刑。(公務員幫忙逃)

Ⅱ 因過失致前項之人脫逃者，處6月以下有期徒刑、拘役或9千元以下罰金。

Ⅲ 第1項之未遂犯罰之。

體系思考記憶法

● 從刑法三階論談起

樹狀圖的革新版：心智圖

很多人會學「心智圖」，在筆者的理解中，這是傳統樹狀圖的革新版，也就是加上顏色、圖片，可以協助你瞭解所學知識的體系架構，但本書並不限於心智圖。所以，我並沒有特別介紹。

刑法學習一定要記憶三階段的基本架構，也可以算是刑法的心智圖，分析刑法問題時，可以思考在三階論的各個部分。例如故意過失，在第一階段討論，年齡則是在第三階段討論。

有體系的學習，就可以事半功倍。

記憶法是你的輔助工具

本書所探討的記憶法，或者是資料的歸納整理，都是在你的體系思考學習過程中的輔助工具，當你把所有體系都很清楚地烙印在心中，碰到題目的時候就可以有很清楚的答題邏輯與方向，配合上記憶法的工具，可以更完整地呈現出你很有邏輯的法律內容。

另外，筆記的方式也可以參考下列方式：

● 核心議題或法條：例如罪刑法定主義。
● 列出體系圖與相關條文：例如刑法第1條。包括不溯及既往原則、習慣法不得為刑法法源、絕對不定期刑之禁止、類推適用之禁止、罪刑明確性原則。
● 學說爭議、實務見解及自己的看法。（包含記憶法）
● 相關歷屆考題：只針對有關部分解題。

這樣子的學習與筆記的方式，會讓你的學習過程輕鬆許多。

三階論體系參考表

一、構 成 要 件								
主觀不法構成要件		客觀不法構成要件						
故意過失	不法意圖	行為主體	行為客體	行　為	特別情況	行為結果	因果關係	客觀歸責

二、違 法 性						
法定阻卻違法事由					超法規阻卻違法事由	
正當防衛	緊急避難	依法令之行為	公務員依上級命令之職務行為	業務上之正當行為	被害人之同意或承諾	推測承諾

客觀歸責欄下的義務衝突

三、有 責 性			
責任能力	不法意識	期待可能性	減免責任事由

註：上述體系表，因不同學說而有差異。

箭頭法

● 重傷罪：刑法第10條第4項

　　筆者忝學法律多年，因為飽受背法條所苦，過去幾年背法條的成效向來不好，但唯一的好處就是知道哪些地方難以記憶。知道了病徵，才得以對症下藥。刑法第10條第4項有關重傷罪的類型，內容並不難，每個字都很容易懂，重複性的語詞「毀敗或嚴重減損」、「機能」以及最後一款的「重大不治或難治之傷害」也不容易忘記，但是最難記住的卻是其順序。讓我們先來看一下法條內容：

刑法第10條第4項

稱重傷者，謂下列傷害：

一、毀敗或嚴重減損一目或二目之視能。

二、毀敗或嚴重減損一耳或二耳之聽能。

三、毀敗或嚴重減損語能、味能或嗅能。

四、毀敗或嚴重減損一肢以上之機能。

五、毀敗或嚴重減損生殖之機能。

六、其他於身體或健康，有重大不治或難治之傷害。

　　筆者曾經在法律記憶法的分享會中，詢問在場學員是否可以背出這個條文，基本上大家都可以記得有哪些項目，只是順序亂七八糟，有如炒菜的原料都具備，但是要料理時的順序卻搞錯了，這樣就容易少個1、2項內容，如蒜頭一開始要先爆香，卻最後菜都炒完了才下蒜頭。為此，我特別設計出箭頭法，有如食譜一樣，放在腦袋中，告訴你煮菜步驟的順序。

該如何記憶？

箭頭記憶法

其他

第一，從眼睛開始，一目或二目之視能。

第二，箭頭往右，一耳或二耳之聽能。

第三，接著到喉嚨、嘴巴與鼻子，分別是語能、味能或嗅能。

第四，箭頭往左下的肩膀，就是一肢以上之機能。

第五，進入高潮的階段，往下到生殖器，也就是生殖之機能。

第六，其他。

●右上角的圖，畫個 2、3 次就不會忘記了。

● 近親結婚之限制：民法第983條第1項

　　剛開始設計記憶法，先以刑法、刑事訴訟法為核心，比較少設計民法總則以外的條文，但是讀者的需求是多變的，有一次網友問親屬繼承是否有開發記憶法？也因此筆者決定多少設計一下，當然最難記憶的就是親等的部分，從來沒有背起來，讓我們先來看民法第983條第1項規定：

民法第983條第1項

與左列親屬，不得結婚：
一、直系血親及直系姻親。
二、旁系血親在六親等以內者。但因收養而成立之四親等及六親等旁系血親，輩分相同者，不在此限。
三、旁系姻親在五親等以內，輩分不相同者。

💡 條文意義

　　這一個條文是近親結婚之限制，主要是我國傳統倫理道德之約束，如果近親可以任意結婚，那麼可能孫女輩突然變成婆婆輩，那也是亂了倫常，因此特別明文加以限制。

　　第2款，收養四親等、六親等旁系血親輩分相同者，則可以結婚，當然如果是兩親等的收養關係，旁系血親，例如收養了一個妹妹，也是不能結婚。

　　第3款，五親等、三親等，旁系姻親，輩分不相同，都不能結婚，但是旁系姻親如果是輩分相同者，依據條文反面解釋，當然是可以結婚。

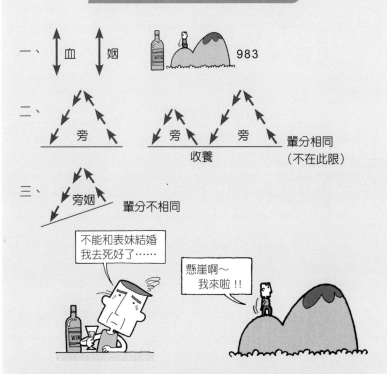

民法第983條第1項記憶圖

一、 血　姻　983

二、 旁　　　旁　　旁　輩分相同
　　　　　收養　　　　（不在此限）

三、 旁姻　輩分不相同

不能和表妹結婚
我去死好了……

懸崖啊～
　我來啦!!

條號：民§983，9（酒），83（爬山），不能和表妹結婚，心情
　　　差，酒後跑到山上準備跳懸崖。

內容：以箭頭代表親等數，複習的時候畫一次，底線平的代表
　　　「輩分相同」，底線是斜的，則代表「輩分不相同」

實例：楊振寧娶了翁帆，翁帆的父親又即將與楊振寧18歲的孫
　　　女完婚。

每次複習都畫一次，多畫個幾次就會記得了。換言之，複習的工
作轉換成畫圖，邊畫圖邊理解，效果不錯。

● 繼承順位：民法第1138條規定

繼承順位，說起來簡單，可是筆者也是花了很多工夫，才能夠記起順序而不會出錯，文字會混淆你的方向感，同樣地也可以利用箭頭法，來輔助記憶：

民法第1138條

遺產繼承人，除配偶外，依左列順序定之：
一、直系血親卑親屬。
二、父母。
三、兄弟姊妹。
四、祖父母。

條文意義

這一個條文是指當被繼承人離開人世之後，所留下來的應繼遺產要分給誰呢？如果大家都搶著要會產生爭議，因此法律規定有一定的順序。再實務運作上要特別留意，如果你要留下遺產奉養父母（白髮人送黑髮人），而你又有子女時，恐怕父母就無法依據本條規定來獲得保障。

通常就必須透過信託、保險或者是依據民法第1149條「遺產酌給請求權」之規定：「被繼承人生前繼續扶養之人，應由親屬會議依其所受扶養之程度及其他關係，酌給遺產。」

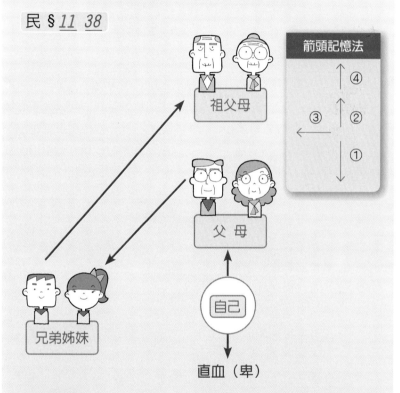

繼承順位的箭頭記憶法

民 § _11_ _38_

祖父母

父母

自己

兄弟姊妹

直血（卑）

箭頭記憶法

④
③　②
①

[實務案例]

　　媒體報導，80歲楊姓老翁於兒媳離婚時，將A屋送給媳婦，但楊姓老翁可以住到往生。未料媳婦過給曾孫名下，打官司要求老翁搬出。法院判決認為，老翁與媳婦約定之「無償借貸」關係，不能約束新屋主曾孫，故判老翁敗訴。（一審判決）

數字圖像法

● 大法官會議的字號：釋字第684號解釋

大法官會議的內容，是考試的重要項目之一，但是很頭痛的一點，內容雖然都記得起來，但總是對不太起來是第幾號，尤其是大法官會議解釋愈來愈多，雖然不是每個解釋都那麼重要，但就算剔除掉不重要的部分，恐怕還有250號解釋要記一下，其中特別要記憶的，也至少有50號解釋。如何把字號與內容結合起來，就是一個值得研究的問題。

釋字第684號解釋

爭　　點：大學所為非屬退學或類此之處分，主張權利受侵害之學生得否提起行政爭訟？

解釋文：大學為實現研究學術及培育人才之教育目的或維持學校秩序，對學生所為行政處分或其他公權力措施，如侵害學生受教育權或其他基本權利，即使非屬退學或類此之處分，本於憲法第16條有權利即有救濟之意旨，仍應許權利受侵害之學生提起行政爭訟，無特別限制之必要。在此範圍內，本院釋字第382號解釋應予變更。

這號解釋除了解釋文、解釋理由書之外，有很多觀念很重要，而且連「協同意見書」、「部分不同意見書」都要看，右圖的巴士有窗戶，可以挑選一些重要的詞句，掛在那台窗戶上。

補充：釋字第689號解釋，是有關狗仔「跟追」，6是「尿尿」，89是「芭蕉」，可是設計成狗仔偷拍男星在路邊上廁所，結果拍到巨大的「芭蕉」（外形）。

● 大法官會議的字號：釋字第666號解釋

　　這一號解釋，即所謂的罰娼不罰嫖，大法官會議作出解釋，認為只罰娼妓，不罰嫖客，違反平等原則。

釋字第666號解釋

爭　　點：社會秩序維護法第80條第1項第1款意圖得利與人姦宿處罰鍰規定違憲？

解釋文：社會秩序維護法第80條第1項第1款就意圖得利與人姦、宿者，處3日以下拘留或新臺幣3萬元以下罰鍰之規定，與憲法第7條之平等原則有違，應自本解釋公布之日起至遲於2年屆滿時，失其效力。

　　這號解釋希望朝向不是都罰就是都不罰，但是觀之「部分協同意見書」、「協同意見書」，卻發現包括女性大法官在內，許多都認為應該朝向都不罰的方向。目前社會秩序維護法第80條第1項第1款已經修正為「從事性交易。但符合第91-1條第1項至第3項之自治條例規定者，不適用之。」

　　換言之，還是要罰，但如果是在性交易專區內所為之性交易，就不必處罰。只是基於政治利益上的考量，目前還沒看到有縣市政府敢在自己的區域內設置。

　　該怎麼解決呢？曾經有一些男女租用臺鐵的車廂從事性交易，事發披露之後，引發媒體大幅度報導。筆者認為可以參考此一方式，成立「臺鐵性交易專車」當作性交易專區，也不會停留在單一縣市，都很公平，不失為解決之道。

另外，有一個更好記但有些邪惡的方式，只是並非使用數字圖像卡，而是想像成有三名女子幫忙「口交」（666 的外形）。

● 相當因果關係：76 台上 192 判決

有一天問法律記憶法社團的同學有沒有特別想學的刑法判決，有同學就提供這號判決（相當因果關係），於是我就設計了一下。

先從數字圖像卡取出圖像

76 氣流，1 香腸，92 舊愛。有點兒限制級，不想看者請勿繼續，可跳過此部分。

（76）

舊愛（92）

（1）

接著再設計與內容整合的方式

在看本號判例之前，讓我們先來想一件事情：

某位法院高層人士被發現與某名女子共同前往厚德路，我們事後想想，一般情況下，男女身處厚德路、都跑去洗澡的條件存在 A；通常都會發生性關係的結果 B，則我們可以A就是B的條件，兩者有相當因果關係囉！反之，一般情況下，有相同A條件存在，可是依據客觀審查，結果大家認為可能是剛跑完馬拉松兒去洗澡，不必皆發生B的結果，則兩者無相當因果關係。

這段故事應該不難吧！自己練習講一下

開始看判決

　　當我們熟悉剛剛對於某對男女的批判，讓我們再往下看，來與這個 76 台上 192 判例相比較一下：

76 台上 192 判例	男女上莫德路事件
刑法上之過失，其過失行為與結果間，在客觀上有相當因果關係始得成立。所謂相當因果關係，係指依經驗法則，綜合行為當時所存在之一切事實，為客觀之事後審查，認為在一般情形下，有此環境、有此行為之同一條件，均可發生同一之結果者， 則該條件即為發生結果之相當條件，行為與結果即有相當之因果關係。 反之，若在一般情形下，有此同一條件存在，而依客觀之審查，認為不必皆發生此結果者， 則該條件與結果不相當，不過為偶然之事實而已，其行為與結果間即無相當因果關係。	某位法院高層人士被發現與某名女子共同前往莫德路，我們事後想想，一般情況下，男女身處莫德路、都跑去洗澡的條件存在 A；通常都會發生性關係的結果 B，則我們可以 A 就是 B 的條件，兩者有相當因果關係囉！ 反之，一般情況下，有相同 A 條件存在，可是依據客觀審查，結果大家認為可能是剛跑完馬拉松兒去洗澡，不必皆發生 B 的結果，則條件與結果不相當，不過為偶然去洗澡而已，兩者無相當因果關係。

　　先記有底線之文字，是否覺得比較好記了！？

有趣的**條號**與 **實務見解**記憶法

條號與實務見解	記憶法
刑事訴訟法第421條 刑法第266條：賭博罪 刑法第173條：放火罪	不得上訴於第三審法院之案件，421，裡面沒有3 2顆6點的骰子。 一起煽火。
大法官會議第689號解釋：媒體跟追權	6（尿尿）＋89（芭蕉） 媒體跟拍巨星，拍他隨地尿尿（6），卻拍到芭蕉（89） 隔天新聞報導就是： 【巨星隨地小便，展現芭蕉巨物】 （畫一個人尿尿，媒體拍照，新聞標題）
自招危難 72年台上字第7058號判決 「……至其故意造成「危難」，以遂其犯罪行為，不得為緊急避難之適用，更不待言。」	72（企鵝）、70（麒麟）、58（我爸） 好好招惹企鵝即可，幹麻去招惹兇猛的麒麟，甚至最凶惡的58（我爸）都招惹到。
大法官會議第109號解釋：共謀共同正犯 以自己共同犯罪之意思，參與實施犯罪構成要件以外之行為，或以自己共同犯罪之意思，事先同謀，而由其中一部分人實施犯罪之行為者，均為共同正犯。	1（1個人）＋09（喝酒） 一個人喝酒，悶，共同來喝。

條號與實務見解	記憶法
30上597：逾越教唆範圍 教唆犯以須實施者之犯罪在其教唆範圍以內者，始負責任，如實施者之犯罪越出教唆範圍之外，則教唆者對於越出部分之犯罪行為，不負教唆責任。	30＋5＋97 山石（30）落下，壓傷了跳舞的人群（5），英國說97之後由中國負責，暗指逾越我可以處理的範圍。
最高法院82年第2次刑事庭會議②：著手 「一般學說上對於著手之闡述，主要者計有主觀說、客觀說及折衷說三說。實務上，本院判例對於一般犯罪之著手，認為係指犯人對於犯罪構成要件之行為開始實行者而言，當係採取客觀說；對於竊盜行為之著手時點，究應從何時段開始起算，則尚無專則判例可循。……今後我國在司法審判實務上，對於竊盜罪之著手時點，除應就眾多學說斟酌損益，並參酌各國之立法例及判例演變趨勢，於行為人以行竊之意思接近財物，並進而物色財物，即可認為竊盜行為之著手外，實務上似不妨從個案詳加審認，另創竊盜著手時點之新見解，以期符合現代社會環境之實際需要，始為上策。」	82＋2 白鵝（82）＋雙手（2），雙手在白鵝群中開始尋找比較肥碩的白鵝，指「著手」。

條號與實務見解	記憶法
66台上542：因果歷程錯誤 上訴人以殺人之意思將其女扼殺後，雖昏迷而未死亡，誤認已死，而棄置於水圳，乃因溺水窒息而告死亡，仍不違背其殺人之本意，應負殺人罪責。	66＋5＋42 耍著溜溜球（66）的舞者（5），被壞人砍一刀，壞人將之拋入水裡，變成食餌（42）。
28上1026：因果歷程錯誤 上訴人先將被害人口項用繩帕勒住，旋又拖往他處將被害人頭顱砍落，棄屍水中。其砍落頭顱時，在上訴人雖以之為殺人後之殘毀屍體藉以洩忿，而實際上被害人因被砍而死，其砍落頭顱，仍係殺人行為之一部，原審認其不另構成損壞屍體罪，固屬無誤，惟其將被害人拖往他處，既係誤認被害人業已身死，則其主觀上並無妨害他人行動自由之故意，而其用繩帕綑勒，又係殺人之一種手段，則於所犯殺人遺棄屍體兩罪外，自無更成立刑法第302條第1項罪責之理。	28＋10＋26 一位惡霸（28），想要上一位模特兒（10），得逞後丟棄河流（26）中。

條號與實務見解	記憶法
63台上1101：自首 犯人在犯罪未發覺之前，向該管公務員告知其犯罪，而不逃避接受裁判，即與刑法第62條規定自首之條件相符，不以言明「自首」並「願受裁判」為必要。	63＋11＋01 用硫酸（63）偷偷地潑一位美女的雙腿（11），美女難過自殺，半夜夢到靈異（01）現象，嚇到去自首。
48台非26：不能犯 刑法第26條但書所謂不能發生犯罪之結果，即學說上所謂不能犯，在行為人方面，其惡性之表現雖與普通未遂犯初無異致，但在客觀上則有不能與可能發生結果之分，未可混為一談。	48＋26 骰子（48）＋河流（26） 骰子丟到河流中，就不能玩了。
22上980：預備犯之中止犯 除刑法上有處罰預備罪之規定，得依預備罪論科外，實無中止犯之可言。	22＋9＋80 旅客準備帶著雙人枕頭（22）配酒瓶（9），到巴黎鐵塔（80）狂歡，半途後悔這舉動有辱巴黎鐵塔而停止。

法律聊天記憶法

法律條文融入生活對話

先來看一段對話，A同學想要請B同學買飲料：

- A同學對B同學說：345飲料。
- B同學：172。
- A同學：103。

這一段對話在說什麼呢？讓我們來解譯一下：

- A同學對B同學說：幫我買飲料。（民法第345條是買賣之規定）
- B同學：未受委任，並無義務（民法第172條無因管理之規定）
- A同學：代理權之授予（民法第103條）

每個科系都一樣，常會用自己科系的用詞對談，突顯其特殊性，也可以防止其他人聽懂法律人間的對談內容。再換個比較有顏色的方式來練習對談，但僅適合男女朋友或夫妻之間的訓練，請不要隨意向女性友人練習：

- 甲男喝了酒之後：我現在已經精神障礙，欠缺依自己辨識而行為之能力，如果強迫你跟我愛愛，是不罰的……（刑法第19條第1、2項）
- 乙女聽了很生氣說：這可是你自招的……（亂拳一陣）（刑法第19條第3項）

教授該怎麼生活化訓練學生？

　　一群法律系學生在學習民法總則的時候，又不複習、上課也不回應，只傻傻地聽課，努力上課的教授上到有點灰心喪志，問什麼都不會，只好脫口說出：

> 你們這一群第75條後半段的學生……
>
> 有一部分學生比較用功，已經懺悔地低下頭去……
>
> 有一部分學生還搞不清楚狀況，僅隱約想到民法第75條好像是規定無行為能力……
>
> 一群傻蛋學生交頭接耳地互相抱怨：老師怎麼可以對我們309！？（公然侮辱罪）

　　到底教授說了什麼呢？

　　民法第75條規定：「無行為能力人之意思表示，無效；雖非無行為能力人，而其意思表示，係在無意識或精神錯亂中所為者亦同。」所以依據後半段的文義，教授對學生說的內容：

　　你們雖然是正常人，但是我看你們的表現跟無行為能力人是差不多的（XD）。

生氣記憶法

生氣、厭惡或憎恨的力量

生氣、厭惡或憎恨也是強化記憶力道的來源。

從小到大的生氣、厭惡或憎恨的經驗，大多不排除老師的嚴重體罰、同學霸凌、感情生變、職場被捅、老闆無情裁員，這些情緒都可以滋養記憶的存在。

如同電影「九品芝麻官」的包龍星發現皇上嫖妓，為了讓皇上支持其伸冤而說的一段話：「他們是天橋底下說書的，可能會將大人今天床上的事蹟分成9集，每天不停輪流地講，聽眾應該不會少！」生氣、厭惡或憎恨，正如同天橋下說書，不斷地在腦中產生重複性電波刺激的訓練效果。

林克穎，讓人生氣的垃圾

林克穎，這個英國籍的敗類，酒醉撞死人就等判刑確定要進去監獄服刑，居然拿著別人的護照跑了，決定把他跟法條結合在一起。讓我們來看刑事訴訟法第101條第1項規定：

刑事訴訟法第101條第1項

被告經法官訊問後，認為犯罪嫌疑重大，而有下列情形之一，非予羈押，顯難進行追訴、審判或執行者，得羈押之：

一、逃亡或有事實足認為有逃亡之虞者。

二、有事實足認為有湮滅、偽造、變造證據或勾串共犯或證人之虞者。

三、所犯為死刑、無期徒刑或最輕本刑為5年以上有期徒刑之罪，有相當理由認為有逃亡、湮滅、偽造、變造證據或勾串共犯或證人之虞者。

這一條並不難理解，把林克穎當作第 1 款「逃亡」的記憶線索。

第 2 款則是，水利署第六河川局副局長謝 X 章等人涉及南部防汛工程弊案，本來以 50 萬元交保後，法院要求不得與證人有任何主動性接觸，也不能騷擾他們或進行串供。但證人向檢方檢舉遭到騷擾，經檢察官搜證屬實，再次開庭時聲押獲准，當場收押。

第 3 款是重罪羈押，有一號大法官第 665 號解釋要記憶，利用數字圖像卡將相關數字圖像整合在一個畫面中，當然包含林克穎這傢伙。

101 大樓（101），665 拆成柳樹（6），尿壺（65）

接著再把林克穎吊到樹上，尿失禁，用尿壺幫他裝尿，就形成了右邊這張圖片。這是筆者第一個以大法官會議為範例，好像還蠻好記的，但是未來大法官解釋的量很多，必須經過測試才知道效果，希望量多之日亦無憂。

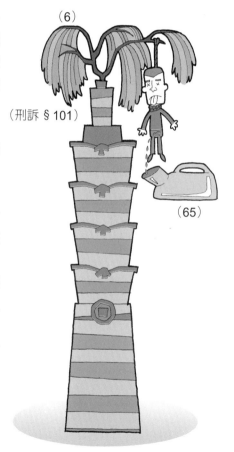

（6）

（刑訴 § 101）

（65）

特殊考題記憶法

● 考題上的疑惑：刑事訴訟法第8條

　　刑事訴訟法的管轄，通常都搞不太清楚，大概知道什麼犯罪地、結果地所屬法院有管轄權，有時候唸久了，連被害人住所地有沒有管轄權都搞不太清楚。某一日，法律記憶法社團成員問了一個問題：

> 　　殺乙於高雄，乙被急送臺北某大醫院急救，不治死亡。案件經由臺北地方法院先受理繫屬，高雄地方法院為調查證據之便，欲為本案實質審理。試問應經何法院之裁定？
>
> （A）由最高法院裁定
> （B）由臺灣高等法院裁定
> （C）由高雄地方法院裁定
> （D）由臺北地方法院裁定
>
> 【101-五等身障特考】

　　剛看到這題，我必須承認這一題答錯了，第一個就選（B）臺灣高等法院，結果答案是（A）最高法院。這個問題有點算法院組織法的考題，所以讓我納悶了，直覺上這兩個地方法院的上級法院，應該是高等法院，那應該是選（B），怎麼會是選（A）？

網路上的不同結論

　　這一題也蠻多人討論的，有人認為是刑事訴訟法第6條牽連管轄之問題，但本題並非「相牽連案件」，而是「同一案件」應該不是刑事訴訟法第6條。

　　也有人認為是刑事訴訟法第10條第2項：「直接上級法院不能行使審判權時，前項裁定由再上級法院為之。」這一條是有關於「移轉管轄」之規定，但此一見解也看不出來跟本題有關係。

　　筆者最後認為應該是刑事訴訟法第8條「管轄競合」之規定：「同一案件繫屬於有管轄權之數法院者，由繫屬在先之法院審判之。但經共同之直接上級法院裁定，亦得由繫屬在後之法院審判。」

　　因為殺人這個犯罪行為地在高雄，殺人導致人死的犯罪結果地在臺北，分別屬於高雄地方法院與臺北地方法院管轄，且屬於「同一案件」。

　　繫屬於有管轄權之數法院：臺北、高雄地方法院均繫屬

　　先繫屬：臺北地方法院；後繫屬：高雄地方法院

　　高雄地方法院的上級法院，是臺灣高等法院高雄分院；臺北地方法院的上級法院，是臺灣高等法院，兩者並非「共同」。所以，其共同之直接上級法院應該是由最高法院裁定之。

幾個關鍵字

　　從這個考題，我們可以想到第8條條文中，幾個因為錯誤而特別有印象的關鍵字：

　　同一案件、（繫屬……數法院）、繫屬在先、共同之直接上級法院、繫屬在後。

數字＋條文
關鍵字記憶法

　　法律範圍過廣，你是否有這種經驗，有些比較冷門的通常就不看，可是有點心虛，總是擔心今年出了一題冷門考題，就剛好是自己沒看的範圍；自己也知道這些冷門內容加減要看一下，可是時間又沒有很多時間，看了也記不起來，乾脆不要看。

　　只要方法好，很快就能填補這個漏洞，而且花費時間有限，讓我們來舉刑法第十二章保安處分為例，這一塊很少學生會有體力唸到這邊，本書針對第86~92條設計了很簡單的記憶法，可以讓大家很快抓到條文的重點：

　　第一次先把條文看懂，然後利用記憶法把條號與第1項關鍵字結合在一起，第二次再橫向擴張，把其他項的內容記憶起來。

條號	條文內容	記憶法
86	因未滿14歲而不罰者，得令入感化教育處所，施以感化教育。 因未滿18歲而減輕其刑者，得於刑之執行完畢或赦免後，令入感化教育處所，施以感化教育。但宣告3年以下有期徒刑、拘役或罰金者，得於執行前為之。 感化教育之期間為3年以下。但執行已逾6月，認無繼續執行之必要者，法院得免其處分之執行。	86：開得過拓海，開不過填海。 把86想像成拓海的跑車86，飆車青少年要施以感化教育。
87	因第19條第1項之原因而不罰者，其情狀足認有再犯或有危害公共安全之虞時，令入相當處所，施以監護。 有第19條第2項及第20條之原因，其情狀足認有再犯或有危害公共安全之虞時，於刑之執行完畢或赦免後，令入相當處所，施以監護。但必要時，得於刑之執行前為之。 前二項之期間為5年以下。但執行中認無繼續執行之必要者，法院得免其處分之執行。	87（白痴）就是第19條第1項：精障心缺、監護。 （以上只是為了記憶方便，對於精障心缺者並非不敬）

條號	條文內容	記憶法
88	施用毒品成癮者，於刑之執行前令入相當處所，施以禁戒。 前項禁戒期間為1年以下。但執行中認無繼續執行之必要者，法院得免其處分之執行。	爸爸（88），我吸毒，我錯了（民法第88條是錯誤，順便一起記憶）、禁戒
89	因酗酒而犯罪，足認其已酗酒成癮並有再犯之虞者，於刑之執行前，令入相當處所，施以禁戒。 前項禁戒期間為1年以下。但執行中認無繼續執行之必要者，法院得免其處分之執行。	89的9（酒）、禁戒
90	有犯罪之習慣或因遊蕩或懶惰成習而犯罪者，於刑之執行前，令入勞動場所，強制工作。 前項之處分期間為3年。但執行滿1年6月後，認無繼續執行之必要者，法院得免其處分之執行。 執行期間屆滿前，認為有延長之必要者，法院得許可延長之，其延長之期間不得逾1年6月，並以一次為限。	90世代的年輕人都很懶惰，要強制工作
91-1	犯第221條至第227條、第228條、第229條、第230條、第234條、第332條第2項第2款、第334條第2款、第348條第2項第1款及其特別法之罪，而有下列情形之一者，得令入相當處所，施以強制治療： ①徒刑執行期滿前，於接受輔導或治療後，經鑑定、評估，認有再犯之危險者。 ②依其他法律規定，於接受身心治療或輔導教育後，經鑑定、評估，認有再犯之危險者。 前項處分期間至其再犯危險顯著降低為止，執行期間應每年鑑定、評估有無停止治療之必要。	91-1有1根，性侵害強制治療
92	第86條至第90條之處分，按其情形得以保護管束代之。 前項保護管束期間為3年以下。其不能收效者，得隨時撤銷之，仍執行原處分。	92，順著下來，第86條至第90條，保護管束。 前面已經設計過第86條至第90條的記憶法，應該很快就可以想起來。

第5篇
反覆練習是成功法門

　　看到這邊，應該已經對於法律的學習有高度的興趣與期待，而不會一直被擊倒。可是光有這一個小小的信心柴火，卻沒有繼續丟木柴進去繼續燃燒，過一段時間火也會熄滅。所以把本書所學到的技巧，用在自己的生活或學習中，相信過一陣子會更有美好的成果。

本篇大綱

對鏡子講話

斆（ㄒㄧㄠˋ）學半

此記憶法理論根據源自於《尚書‧說命篇》的「斆（ㄒㄧㄠˋ）學半」一詞，即教人益己、教學相長的意思，斆、教人也。

簡單來說就是**當你教導別人時，也會有一半的學習效果會彈回到自己的身上**。筆者有時候接手一些不熟悉的法律課程，即使事前準備多次，還是效果不佳，但只要上台講過一次，發現法律結構、法條解釋等突然都在講授過程中，清晰地畫出了一圈輪廓。有了清楚的輪廓，第二次講授課程會更加地輕鬆，而且還可以把時間鑽研比較冷門的地方。

不要吝嗇與朋友分享

教的人比聽的人更有邏輯性，當你學會一個條文的記憶法時，不要吝嗇跟別人分享，或者是積極地找人聽講。講一次給別人聽，如果發現講解不太順，再看一次複習一下，有可能是自己的記憶方法不太好，這時候可以再調整記憶方式。畢竟再好的記憶方法，也是需要反覆練習來強化自己的印象。

鏡子也是你的好朋友

如果找不到好的聽眾，**對著鏡子自我練習，也是很好的記憶方法**，而且還可以順便練習自己的口條，對進入職場也有相當大的幫助。法律是很重視邏輯推論的學科，將法律概念講過一遍，可以找到自己不符合邏輯推論的地方；反覆練習，即使不是為了記憶條文，對於法律概念的徹底理解有很大的幫助。

組個讀書會也不錯

　　大家不是教授、老師，比較沒有機會有固定聽眾聽你講話，如果找朋友講久了，可能朋友也不太喜歡聽你分享這些枯燥無味的東西，這時候可以組成讀書會，來解決這種窘況。

　　讀書會，並非只是大家一起讀書，而是定期找議題分享。筆者當年在研究所組的讀書會也是採取這種模式，每週大家輪流蒐集特定主題的資料，並消化吸收後，反芻給讀書會的成員分享。更刺激的一點，是讀書會的成員可以對你蒐集的內容提出問題，甚至於是激進型的批判，但無論討論的過程如何地具有衝突性，最後當然大家還是好朋友囉！

　　當然，當年讀書會成員全部考上國家考試。

兼具**速記**功能

快速抄筆記的需求

　　法律課程中，如果遇到老師講課速度過快，或者是有些老師為了展現自己的功力，劈哩啪啦地講了一大堆，單用手抄筆記，恐怕會發生少抄一大堆內容的現象。所以很多學生上課都會帶錄音筆，或者是有些學生上課會寫共筆，甚至有人做到一字不漏抄寫，說真格的這些人還真是無聊，連笑話都一字不漏。好像是漏了哪一個字，國考就考不上一樣。

　　上課原是聽講後思考的大好機會，結果大多數時間都花在抄筆記上頭，反而浪費掉最佳的學習時間。也難怪老師在問學生有沒有問題時，學生總是沒問題，因為都在忙著抄筆記。無論如何，這也代表著快速抄筆記，對於法律學習者而言是相當重要的工具。(參照右頁圖)

部分記憶法具有簡化內容的功效

　　接著，當大家看到這邊時，應該會發現一點，部分記憶法具有簡化內容的功效，例如：

　　公務員：畫一個老公公

　　文書：金瓶梅，畫一個長方型，上頭寫「金」。

　　圖畫：Playboy，畫一個長方型，上頭寫「P」。

　　公共事務：PA。

　　國家：畫一個國旗。

　　地方自治團體：畫六個圈圈的建築物。

　　防止妨礙他人自由、避免緊急危難、維持社會秩序、增進公共利益：FBWC。

　　這些都可以大幅度地提升抄寫筆記的速度。

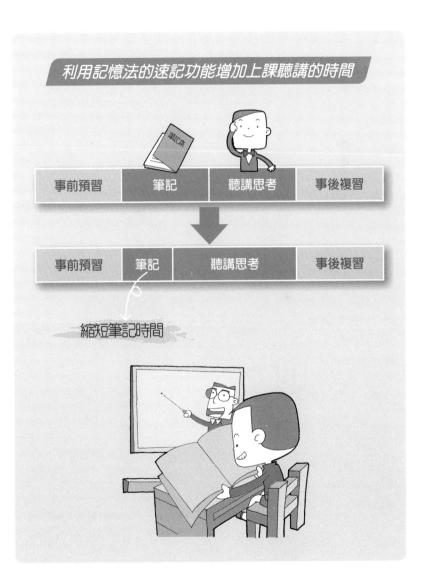

利用記憶法的速記功能增加上課聽講的時間

| 事前預習 | 筆記 | 聽講思考 | 事後複習 |

| 事前預習 | 筆記 | 聽講思考 | 事後複習 |

縮短筆記時間

提升記憶符號的轉換速度

慢慢地，抄筆記的速度能夠提升，同時熟悉記憶法中的一些圖畫代號，也同樣可以增進記憶符號的轉換速度。因為記憶法就是一種轉換的功夫，當你的轉換速度愈快，當然也有助於法律資料的記憶存取工作。

讓上課成為思考的戰場

大多數的學生花太多時間在錙銖必較的筆記上，卻忘了法律著重於思考，利用記憶法的速記功能，可以讓你有更多的時間在上課過程的思考上，也不會為了抄寫筆記，而漏聽了真正的法律精華。

設計一些速記符號

（僅供參考，最好是自行設計）

法律語詞	速記	法律語詞	速記
第100條第1項	100 I	憲法	CON
第100條第1項第1款	100 I ①	民法	CIV
大法官會議第100號解釋	100E	刑法	CR
最高法院	SUP	行政法	AD
最高行政法院	SUP-A	刑事訴訟法	CRP
		民事訴訟法	CIVP

速記法

法律語詞	速記	法律語詞	速記
構成要件	GI、TB	中華民國	ROC
違法性	WF	國家	
有責性	IC	地方自治團體	
保安處分	BN	法定職務權限	
構成犯罪	GF	結果	RES
故意	INT	精神障礙或其他心智缺陷	精★
過失	NEG	權利	RIGHT
既遂	OK	義務	DUTY
未遂	NOOK	褫奪公權	Del Rig
教唆	INC	違禁物	
幫助	HEL	被告	Def
		沒收	CONFIS
		罰金	FINE
		緩刑	SUS
		假釋	PAROLE

多畫圖，
活用你的**右腦**

最大的問題在於創意

還記得本書之前有寫到這個標題嗎？

記憶，如同魔術一樣，搞不清楚原理的人會認為很神奇；搞懂之後，就只剩下練習了。記憶是不是屬於右腦的運作？很抱歉我不是心理學家，不是很確定，但看過很多書都這樣子說。所以，要活化你的右腦，透過多畫圖，可以讓你的腦袋更活潑敏捷。

心智圖也要畫圖

心智圖，不是畫棵樹，或加些顏色區分就可以了事，還要畫上一些圖案，理由我想不必多說，看完筆者的圖解書系以及本書，相信都會認為畫圖很重要，一幅畫也許代表不了千言萬語，但卻可以大幅縮減你的複習時間，甚至千言萬語莫過於一笑的瞬間。

右圖是一般樹狀圖與改良後的心智圖的比較，並不是說傳統樹狀圖不佳，只是建議各位可以讓學習過程中，更加地活化你的資料，一定能有助於你的學習喔！

傳統文字版的樹狀圖

罪刑法定主義
- 不溯及既往原則
- 習慣法不得為刑法法源
- 絕對不定期刑之禁止
- 類推適用之禁止
- 罪刑明確性原則

改良版後的心智圖

罪刑法定主義

罪刑明確性原則

模擬立法：
意圖判國者，
處有期徒刑。

不溯及既往原則

雖然違建，但我是在立法前蓋的當然不能拆。

類推適用之禁止

A ⟶ B
只能用經過立法程序的條文來判決，不可以援引相近的條文來科罪喔！

習慣法不得為刑法法源

洗門風能入法，那私設刑堂也可以嗎？

絕對不定期刑之禁止

處 3 年以上 10 年以下之有期徒刑。

3-10
只能在量刑範圍內彈性量刑

● 憲法增修條文第3條第2項第2款

　　　行政院對於立法院決議之法律案、預算案、條約案，如認為有窒礙難行時，得經總統之核可，於該決議案送達行政院10日內，移請立法院覆議。立法院對於行政院移請覆議案，應於送達15日內作成決議。如為休會期間，立法院應於7日內自行集會，並於開議15日內作成決議。覆議案逾期未議決者，原決議失效。覆議時，如經全體立法委員二分之一以上決議維持原案，行政院院長應即接受該決議。

> 說明：
>
> 　　　上列條文之內容，我將之設計為右圖有「心智圖」加上「流程圖」的圖表，複習的時候，可以試著不要看條文，然後看這張圖是否就能把條文的重要內容都講出來。
>
> 　　　接著，再與條文內容對照看一次。
>
> 　　　最後，再把條文該記的部分記憶起來，這張圖表還可以加上一些自己設計的「記憶策略」。

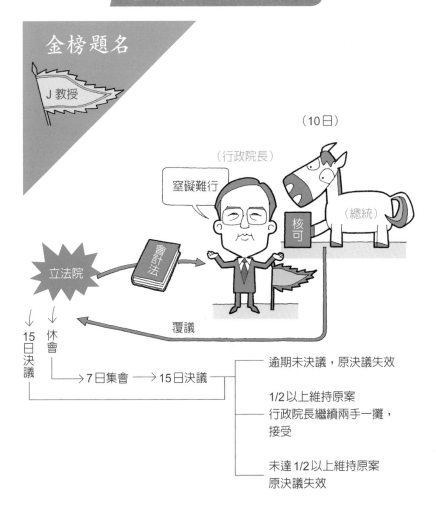

會計法第99-1條覆議事件

金榜題名

J 教授

（10日）

（行政院長）

窒礙難行

核可

（總統）

立法院

會計法

覆議

15日決議

休會

→ 7日集會 → 15日決議 ── 逾期未決議，原決議失效

1/2以上維持原案
行政院長繼續兩手一攤，
接受

未達1/2以上維持原案
原決議失效

● 與未滿16歲者爲性交猥褻罪：刑法第227條

這一條很多人來問過我，大部分是與14～16歲少女發生性關係，該怎麼辦？

罪會不會很重？（刑§227-1）

會不會被對方告？（刑§229-1）

每次聽到這個問題，大概有個印象，但還是都要查一下，為了一次解決，本書乾脆整理了一下，在整理的過程中，結果發覺立法上有一些怪怪的不一致現象。什麼現象呢？刑法第227-1條規定，只要是18歲「以下」，就可以減輕或免除其刑；但是在告訴乃論的部分，則又變成「未滿」18歲。照道理來說，應該兩條都是18歲以下比較一致。

為此，本書畫了右頁這一個「生日求愛圖」。

圖片說明

男主角過18歲生日，當天以這是最後一天可以減輕或免除其刑為理由，希望女方跟他來一次。如下列條文，因為還是「以下」，所以可以減輕或免除其刑。

刑法第227-1條

18歲以下之人犯前條之罪者，減輕或免除其刑。

以下並不是記憶法，算是協助你理解的插圖。

18歲當日還可減輕或免除其刑，但已屬非告訴乃論

今天是最後一天，明天做，就無法減輕或免除其刑

不要啦！好害羞

非告訴乃論撤告也沒用

原諒我兒子，叫女方老爸不要告……

未滿18歲
→刑§229-1告訴乃論

但很抱歉，如果這檔事情被司法機關發現，即使女方父母同意撤告，還是必須將之移送法辦。所以在這一對男女兩小無猜的後面，就有男方父母向警察下跪，希望能勸女方不要提告，警察雙手一攤說，就算女方不提告，他們還是得處理。

刑法第229-1條

對配偶犯第221條、第224條之罪者，或未滿18歲之人犯第227條之罪者，須告訴乃論。

別讓大腦Off-Loading

專家來了，你還會思考嗎？

《圖解理財幼幼班》一書中提到一個大腦很重要的現象。艾默理大學（Emory University）神經經濟學（Neuroeconomics）研究團隊曾研究受試者如何對一些情況作決定。若有專家在旁提出建議，大腦的反應是否會不同？

研究者在受測者面前安排一位自稱具有專業背景的專家，對於受試者的決定從旁提出意見，結果發現受試者大多傾向於以此建議作為決策依據。研究也對受試者的神經活動進行掃描分析，發現當有專家提出意見時，受試者的大腦神經活動並無明顯變化；只有在專家沒有提出建議時，大腦才有明顯的變化。

簡單來說，如果外在資源判斷是可信度很高的時候，大腦就會停止思考以避免浪費資源。這篇論文的標題用了「Offloads（卸載）」這個詞，意思是說當專家來了，我就可以不用大腦，直接把大腦解安裝。

補習上課的錄音不要反覆聽

很多人花了大錢上補習班的課程，由於補習班老師上課大多非常吸引人，也成為許多學員的偶像。長久下來，會產生一個錯誤的觀念，只要多聽老師上課內容幾次，就能夠跟老師一樣厲害。

補習班的定位在於快速讓學生理解某一個領域，但學生要能提升自己的程度，還是要靠自己多多尋找資料、思考法律邏輯，並且練習申論表達，才能在國家考場上有好的表現。如果一直聽錄音內容，只是讓自己的大腦不思考（Offloads），浪費很多可以練習邏輯思考的時間，考試出來的結果往往差強人意。

●筆記●

後記

領域的先驅者

還記得第一位指導教授馮震宇老師，給了我在研究所的第一個啓發，就是要做領域中的 Pioneer，也就是所謂的開路先鋒，也讓我在日後學習與出版的領域都是比較新穎且具有前瞻發展性。例如碩博士研究領域分別為網路通訊監察、電腦鑑識與數位證據；在個人出版方面，應該是國內第一本資訊時代的隱私權書籍，同期間也出了國內第一本電腦鑑識的書籍，後來更出了國內第一本探討數位證據法庭攻防的書籍，這些領域時至今日還是很熱門的議題，而且有能力跟上的追隨者不多。

除了上述市場比較小的專業領域之外，筆者也看到國內圖解的趨勢，實際上也不能說是出版的趨勢，而是順應人性的出版本來就比較容易銷售，連續出了一拖拉庫的法律圖解系列書，也獲得不錯的銷售成績。但是我也很清楚一件事情，法律人最大的痛苦根源，在於「記憶」這個問題，如果能夠降低記憶上的痛苦，在法律名人堂中，應該可以保留一個特別席。更重要的一點，是這種以法律為核心的記憶書，還沒有人有能力出版。

今天，我又在研發多年之後，搶了第一，也希望這本書能帶給各位大大的幫助，並感謝您的閱讀與指教。

思考，是法律學習過程的核心

本書著重記憶的部分，但很擔心大家學了本書的記憶法之後，每天研發新的記憶方法，而忘記法律的本質是一門思考的社會科學。當你只專注在背條文、字號，以此作為法律學習的目標，那就搞錯了法律學習的真正目的。

　　因此別忘了，思考才是法律學習過程的核心。記憶法很重要，但也只是為了降低你學習過程的痛苦，如同馬拉松賽選手在比賽前不幸得了重感冒，想找到好的醫生可以降低你比賽時的痛苦，但找好的醫生並不是比賽的目的，如果一直想找好的醫生來降低比賽的痛苦，就發生了根本上的錯誤，因為你真正的目的是跑完全程，而不是找醫生。

　　希望本書的神奇功效，不會讓你亂了方向。

記憶法需要不斷地練習

　　筆者平常會透過臉書「法律記憶法」社團以及Line群組(ID：m36030)與大家分享研究成果，每半年會把最新研發的成果以課程的形式分享，累積到一定程度時，則以寫書出版的方式讓更多人知道。

　　記憶法，透過面對面課程來學習的效果最快，看書常常會看不懂，但只要有經驗的老師一帶，實際操作一遍就能瞭解。只是學會了記憶方法不代表會用，如同學會使用菜刀，但不代表能把菜切好，必須要透過不斷地練習。

　　許多學員上完課後，覺得記憶法運用在法律領域實在是非常神奇，躍躍欲試，但回去自行操作卻是飽受挫折。對於初學者而言，必須要多與有經驗者討論，才能在最短時間內找出設計上的問題，加以修正並獲得成果，如果只靠自己恐怕會非常地辛苦，也會耗費更大的時間成本。

刑法「未滿」且與年齡有關係之資料整理

條號	內容
18	未滿14歲人之行為，不罰。 14歲以上未滿18歲人之行為，得減輕其刑。 滿80歲人之行為，得減輕其刑。
63	未滿18歲人或滿80歲人犯罪者，不得處死刑或無期徒刑，本刑為死刑或無期徒刑者，減輕其刑。
86	因未滿14歲而不罰者，得令入感化教育處所，施以感化教育。 因未滿18歲而減輕其刑者，得於刑之執行完畢或赦免後，令入感化教育處所，施以感化教育。但宣告3年以下有期徒刑、拘役或罰金者，得於執行前為之。 感化教育之期間為3年以下。但執行已逾6月，認無繼續執行之必要者，法院得免其處分之執行。
222 I	犯前條之罪而有下列情形之一者，處7年以上有期徒刑： 一、2人以上共同犯之者。 二、對未滿14歲之男女犯之者。 三、對精神、身體障礙或其他心智缺陷之人犯之者。 四、以藥劑犯之者。 五、對被害人施以凌虐者。 六、利用駕駛供公眾或不特定人運輸之交通工具之機會犯之者。 七、侵入住宅或有人居住之建築物、船艦或隱匿其內犯之者。 八、攜帶兇器犯之者。前項之未遂犯罰之。
227	對於未滿14歲之男女為性交者，處3年以上10年以下有期徒刑。 對於未滿14歲之男女為猥褻之行為者，處6月以上5年以下有期徒刑。 對於14歲以上未滿16歲之男女為性交者，處7年以下有期徒刑。 對於14歲以上未滿16歲之男女為猥褻之行為者，處3年以下有期徒刑。 第1項、第3項之未遂犯罰之。

條號	內容
229 -1	對配偶犯第221條、第224條之罪者，或未滿18歲之人犯第227條之罪者，須告訴乃論。
233	意圖使未滿16歲之男女與他人為性交或猥褻之行為，而引誘、容留或媒介之者，處5年以下有期徒刑、拘役或1萬5千元以下罰金。以詐術犯之者，亦同。 意圖營利犯前項之罪者，處1年以上7年以下有期徒刑，得併科15萬元以下罰金。
240	和誘未成年人脫離家庭或其他有監督權之人者，處3年以下有期徒刑。 和誘有配偶之人脫離家庭者，亦同。 意圖營利，或意圖使被誘人為猥褻之行為或性交，而犯前二項之罪者，處6月以上5年以下有期徒刑，得併科50萬元以下罰金。 前三項之未遂犯罰之。
241	略誘未成年人脫離家庭或其他有監督權之人者，處1年以上7年以下有期徒刑。 意圖營利，或意圖使被誘人為猥褻之行為或性交，而犯前項之罪者，處3年以上10年以下有期徒刑，得併科200萬元以下罰金。 和誘未滿16歲之男女，以略誘論。 前三項之未遂犯罰之。
286 Ⅰ	對於未滿18歲之人，施以凌虐或以他法足以妨害其身心之健全或發育者，處6月以上5年以下有期徒刑。
341	意圖為自己或第三人不法之所有，乘未滿18歲人之知慮淺薄，或乘人精神障礙、心智缺陷而致其辨識能力顯有不足或其他相類之情形，使之將本人或第三人之物交付者，處5年以下有期徒刑、拘役或科或併科50萬元以下罰金。 以前項方法得財產上不法之利益，或使第三人得之者，亦同。 前二項之未遂犯罰之。

致、致生、足以生的整理

「致」或「足」這個字，在法條中常出現，可以說是原因與結果之間的連結，在法律上相當於「因果關係」。而結果可能是導致一些實害（如：人死、人傷）、也可以是創造出一種危險（如：水喝了會中毒、火燒了導致生命財產的危害）。

類型	說明與實例	常見用語
實害犯	有可能行為這個原因，創造出了「實害」。 例如殺人罪，使他人喪失性命。	致人於死、致生財產上之損害、致市上生缺乏等等。
抽象危險犯	有可能行為這個原因，雖然沒有創造出什麼「實害」，但是你做這個行為，立法者認為真恐怖（抖～），即使沒有實害，只要這個行為出現，就認為會造成一些實害的高度危險。 例如刑法第190條規定，只要將毒物丟到公共水塔就成立犯罪，即使馬上撈起且將水擋住，根本尚未污染而不堪飲用，依舊成立本罪。（刑法第190條第1項規定：「投放毒物或混入妨害衛生物品於供公眾所飲之水源、水道或自來水池者，處1年以上7年以下有期徒刑。」）	無。 因為只要有行為，這個行為立法者認定之高度危險，因此不必有致生XX或 足以生XXX的要件…
具體危險犯	實際上須有具體危險之發生為要件，而屬具體的危險犯；然其具體危險之存否，仍應依社會一般之觀念，客觀的予以判定。（74台上3958判例） 立法者認為，行為人的行為還不會直接造成危險，例如把毒物丟到大漢溪中，因為大漢溪很臭已經沒有人會直接飲用，但若能證明會導致漁民捕到有毒的魚蝦，依舊該當「致生公共危險」的要件。	足以生…… 致生……危險…… 致生危險於…… 致生危害於……

實害犯：有「致」字

條號	內容
114	受政府之委任，處理對於外國政府之事務，而違背其委任，<u>致生損害</u>於中華民國者，處無期徒刑或7年以上有期徒刑。

條號	內容
342	為他人處理事務，意圖為自己或第三人不法之利益，或損害本人之利益，而為違背其任務之行為，<u>致生損害</u>於本人之財產或其他利益者，處5年以下有期徒刑、拘役或科或併科50萬元以下罰金。 前項之未遂犯罰之。
359	無故取得、刪除或變更他人電腦或其相關設備之電磁紀錄，<u>致生損害</u>於公眾或他人者，處5年以下有期徒刑、拘役或科或併科60萬元以下罰金。
360	無故以電腦程式或其他電磁方式干擾他人電腦或其相關設備，<u>致生損害</u>於公眾或他人者，處3年以下有期徒刑、拘役或科或併科30萬元以下罰金。
362	製作專供犯本章之罪之電腦程式，而供自己或他人犯本章之罪，<u>致生損害</u>於公眾或他人者，處5年以下有期徒刑、拘役或科或併科60萬元以下罰金。

具體危險犯：致生

條號	內容
174	放火燒燬現非供人使用之他人所有住宅或現未有人所在之他人所有建築物、礦坑、火車、電車或其他供水、陸、空公眾運輸之舟、車、航空機者，處3年以上10年以下有期徒刑。 放火燒燬前項之自己所有物，<u>致生</u>公共危險者，處6月以上5年以下有期徒刑。 失火燒燬第1項之物者，處6月以下有期徒刑、拘役或9千元以下罰金，失火燒燬前項之物，<u>致生</u>公共危險者，亦同。 第1項之未遂犯罰之。
175	放火燒燬前二條以外之他人所有物，<u>致生</u>公共危險者，處1年以上7年以下有期徒刑。 放火燒燬前二條以外之自己所有物，<u>致生</u>公共危險者，處3年以下有期徒刑。 失火燒燬前二條以外之物，<u>致生</u>公共危險者，處拘役或9千元以下罰金。
177	漏逸或間隔蒸氣、電氣、煤氣或其他氣體，<u>致生</u>公共危險者，處3年以下有期徒刑、拘役或9千元以下罰金。 因而致人於死者，處無期徒刑或7年以上有期徒刑。致重傷者，處3年以上10年以下有期徒刑。
179	決水浸害現非供人使用之他人所有住宅或現未有人所在之他人所有建築物或礦坑者，處1年以上7年以下有期徒刑。 決水浸害前項之自己所有物，<u>致生</u>公共危險者，處6月以上5年以下有期徒刑。 因過失決水浸害第1項之物者，處6月以下有期徒刑、拘役或9千元以下罰金。 因過失決水浸害前項之物，<u>致生</u>公共危險者，亦同。 第1項之未遂犯罰之。

條號	內容
180	決水浸害前二條以外之他人所有物,<u>致</u>生公共危險者,處5年以下有期徒刑。 決水浸害前二條以外之自己所有物,<u>致</u>生公共危險者,處2年以下有期徒刑。 因過失決水浸害前二條以外之物,<u>致</u>生公共危險者,處拘役或9千元以下罰金。
181	決潰隄防、破壞水閘或損壞自來水池,<u>致</u>生公共危險者,處5年以下有期徒刑。因過失犯前項之罪者,處拘役或9千元以下罰金。 第1項之未遂犯罰之。
184	損壞軌道、燈塔、標識或以他法<u>致</u>生火車、電車或其他供水、陸、空公眾運輸之舟、車、航空機往來之危險者,處3年以上10年以下有期徒刑。 因而致前項之舟、車、航空機傾覆或破壞者,依前條第1項之規定處斷。 因過失犯第1項之罪者,處2年以下有期徒刑、拘役或20萬元以下罰金。 第1項之未遂犯罰之。
185	損壞或壅塞陸路、水路、橋樑或其他公眾往來之設備或以他法致生往來之危險者,處5年以下有期徒刑,拘役或1萬5千元以下罰金。 因而致人於死者,處無期徒刑或7年以上有期徒刑;致重傷者,處3年以上10年以下有期徒刑。 第1項之未遂犯罰之。

條號	內容
186-1	無正當理由使用炸藥、棉花藥、雷汞或其他相類之爆裂物爆炸，致生公共危險者，處1年以上7年以下有期徒刑。 因而致人於死者，處無期徒刑或7年以上有期徒刑；致重傷者，處3年以上10年以下有期徒刑。 因過失致炸藥、棉花藥、雷汞或其他相類之爆裂物爆炸而生公共危險者，處2年以下有期徒刑、拘役或1萬5千元以下罰金。 第1項之未遂犯罰之。
187-2	放逸核能、放射線，致生公共危險者，處5年以下有期徒刑。 因而致人於死者，處無期徒刑或10年以上有期徒刑；致重傷者，處5年以上有期徒刑。 因過失犯第1項之罪者，處2年以下有期徒刑、拘役或1萬5千元以下罰金。 第1項之未遂犯罰之。
189 I	損壞礦坑、工廠或其他相類之場所內關於保護生命之設備，致生危險於他人生命者，處1年以上7年以下有期徒刑。
189-1	損壞礦場、工廠或其他相類之場所內關於保護生命之設備或致令不堪用，致生危險於他人之身體健康者，處1年以下有期徒刑、拘役或9千元以下罰金。 損壞前項以外之公共場所內關於保護生命之設備或致令不堪用，致生危險於他人之身體健康者，亦同。
189-2	阻塞戲院、商場、餐廳、旅店或其他公眾得出入之場所或公共場所之逃生通道，致生危險於他人生命、身體或健康者，處3年以下有期徒刑。 阻塞集合住宅或共同使用大廈之逃生通道，致生危險於他人生命、身體或健康者，亦同。 因而致人於死者，處7年以下有期徒刑；致重傷者，處5年以下有期徒刑。

條號	內容
190-1 I	投放毒物或混入妨害衛生物品於供公眾所飲之水源、水道或自來水池者，處1年以上7年以下有期徒刑。
192	違背關於預防傳染病所公布之檢查或進口之法令者，處2年以下有期徒刑、拘役或3萬元以下罰金。 暴露有傳染病菌之屍體，或以他法散布病菌，致生公共危險者，亦同。
193	承攬工程人或監工人於營造或拆卸建築物時，違背建築術成規，致生公共危險者，處3年以下有期徒刑、拘役或9萬元以下罰金。
194	於災害之際，關於與公務員或慈善團體締結供給糧食或其他必需品之契約，而不履行或不照契約履行，致生公共危險者，處5年以下有期徒刑，得併科9萬元以下罰金。
305	以加害生命、身體、自由、名譽、財產之事，恐嚇他人致生危害於安全者，處2年以下有期徒刑、拘役或9千元以下罰金。

具體危險犯：足以生、足以妨害、足以毀損

條號	內容
210	偽造、變造私文書，<u>足以生</u>損害於公眾或他人者，處5年以下有期徒刑。
211	偽造、變造公文書，<u>足以生</u>損害於公眾或他人者，處1年以上7年以下有期徒刑。
212	偽造、變造護照、旅券、免許證、特許證及關於品行、能力服務或其他相類之證書、介紹書，足以生損害於公眾或他人者，處1年以下有期徒刑、拘役或9千元以下罰金。
213	公務員明知為不實之事項，而登載於職務上所掌之公文書，<u>足以生</u>損害於公眾或他人者，處1年以上7年以下有期徒刑。
214	明知為不實之事項，而使公務員登載於職務上所掌之公文書，<u>足以生</u>損害於公眾或他人者，處3年以下有期徒刑、拘役或1萬5千元以下罰金。
215	從事業務之人，明知為不實之事項，而登載於其業務上作成之文書，足以生損害於公眾或他人者，處3年以下有期徒刑、拘役或1萬5千元以下罰金。
217	偽造印章、印文或署押，<u>足以生</u>損害於公眾或他人者，處3年以下有期徒刑。 盜用印章、印文或署押，<u>足以生</u>損害於公眾或他人者，亦同。
218	偽造公印或公印文者，處5年以下有期徒刑。 盜用公印或公印文足以生損害於公眾或他人者，亦同。
286 I	對於未滿16歲之人，施以凌虐或以他法<u>足以妨害</u>其身心之健全或發育者，處6月以上5年以下有期徒刑。
310 I	意圖散布於眾，而指摘或傳述足以毀損他人名譽之事者，為誹謗罪，處1年以下有期徒刑、拘役或1萬5千元以下罰金。
352	毀棄、損壞他人文書或致令不堪用，足以生損害於公眾或他人者，處3年以下有期徒刑、拘役或3萬元以下罰金。
354	毀棄、損壞前二條以外之他人之物或致令不堪用，<u>足以生</u>損害於公眾或他人者，處2年以下有期徒刑、拘役或1萬5千元以下罰金。

常見用詞

實害犯	抽象危險犯	具體危險犯
致生損害於中華民國 致生損害於本人之財產或 其他利益者 致生財產上之損害 致生損害於公眾或他人	因為只有構成要件， 而無致生、足以生之 類的文字。	致生公共危險 致生往來危險 致…爆炸而生公共危險 致生危險於…… 致生危害於安全
致死 致人於死 致公務員 致重傷 致……傾覆或破壞 致……毀損 致人死傷 致傷害人之身體或健康 致被害人羞忿自殺或意圖 自殺而致重傷		足以生
致開始刑事訴訟程序 （171 Ⅱ） 致市上生缺乏（251） 致婚姻無效之裁判或撤銷 婚姻之裁判確定（238） 致令不堪用（如107、 352等）		

刑總（有「致」之條文）
致有發生犯罪結果之危險
致發生一定之結果
致不能辨識其行為違法或欠缺依其辨識而行為之能力者
致其辨識行為違法或依其辨識而行為之能力
於因故意或過失自行招致者
非防止行為所致
因身分或其他特定關係致刑有重輕或免除
其他
致其辨識能力顯有不足或其他相類之情形（341），本條是在說「乘……情形……」

附錄B：相近文字資料整理，彌補記憶法不足

類似的文字會產生混淆

記憶法在剛使用之初會覺得很好用、很神奇，但是久而久之，會因為方法重複，導致重複性的情況加劇。舉個例子，筆者在記憶名字時，常有將山、峰的圖像混淆之現象，當初為解決這個問題，將「峰」的圖像加上類似於富士山頂的白雪，讓這兩個字有所區別。但是數字圖像中的3，也是以山來代替，未來是否會因為記憶法設計量大，而產生混淆的狀況，還有待觀察。

重複性的東西會記不起來

還記得「不罰」這東西嗎？

本書是用「不爽」來代表「不罰」。刑法第21條畫了隻鱷魚代表21，鱷魚沒有吃飽、很不爽，所以該條第1項跟第2項的本文都是「不罰」。

刑法第21條

Ⅰ 依法令之行為，不罰。

Ⅱ 依所屬上級公務員命令之職務上行為，不罰。但明知命令違法者，不在此限。

但是在實際運作上，到底是不罰、減輕其刑、免除其刑，還是得減輕？常常讓人沒有把握，所以刑法這一科目，還是要輔助其他的整理功夫，避免記憶法臨時不生效，還有其他資料可以整理。

資料統整記憶法

● 刑法總則：不罰

條號	內容
12 I	行為非出於故意或過失者，<u>不罰</u>。
18 I	未滿14歲人之行為，<u>不罰</u>。【延伸閱讀：刑§86 I】
19 I	行為時因精神障礙或其他心智缺陷，致不能辨識其行為違法或欠缺依其辨識而行為之能力者，<u>不罰</u>。【延伸閱讀：刑§87 I】
21	依法令之行為，<u>不罰</u>。 依所屬上級公務員命令之職務上行為，<u>不罰</u>。但明知命令違法者，不在此限。
22	業務上之正當行為，<u>不罰</u>。
23 本文	對於現在不法之侵害，而出於防衛自己或他人權利之行為，<u>不罰</u>。但防衛行為過當者，得減輕或免除其刑。
24 I 本文	因避免自己或他人生命、身體、自由、財產之緊急危難而出於不得已之行為，<u>不罰</u>。但避難行為過當者，得減輕或免除其刑。
<u>26</u>	行為不能發生犯罪之結果，又無危險者，<u>不罰</u>。

● 刑法分則：不罰

條號	內容
294-1	對於無自救力之人，依民法親屬編應扶助、養育或保護，因有下列情形之一，而不為無自救力之人生存所必要之扶助、養育或保護者，<u>不罰</u>：……

條號	内容
310 Ⅲ	對於所誹謗之事，能證明其為真實者，<u>不罰</u>。但涉於私德而與公共利益無關者，不在此限。
311	以善意發表言論，而有左列情形之一者，<u>不罰</u>：……

● 刑法總則：減輕或免除其刑

條號	内容
27 Ⅰ	已著手於犯罪行為之實行，而因己意中止或防止其結果之發生者，<u>減輕或免除其刑</u>。結果之不發生，非防止行為所致，而行為人已盡力為防止行為者，亦同。

● 刑法分則：減輕或免除其刑

條號	内容
102	犯第100條第2項或第101條第2項之罪而自首者，<u>減輕或免除其刑</u>。
154	參與以犯罪為宗旨之結社者，處3年以下有期徒刑、拘役或1萬5千元以下罰金；首謀者，處1年以上7年以下有期徒刑。 犯前項之罪而自首者，減輕或免除其刑。
166	犯前條之罪，於他人刑事被告案件裁判確定前自白者，<u>減輕或免除其刑</u>。
167	配偶、五親等內之血親或三親等內之姻親圖利犯人或依法逮捕拘禁之脫逃人，而犯第164條或第165條之罪者，<u>減輕或免除其刑</u>。
172	犯第168條至第171條之罪，於所虛偽陳述或所誣告之案件，裁判或懲戒處分確定前自白者，<u>減輕或免除其刑</u>。
227-1	18歲以下之人犯前條之罪者，<u>減輕或免除其刑</u>。

● 刑法總則：得免除其刑

條號	內容
61	犯下列各罪之一，情節輕微，顯可憫恕，認為依第59條規定減輕其刑仍嫌過重者，<u>得免除其刑</u>：……

● 刑法總則：【得】減輕或免除其刑

條號	內容
23 但	犯對於現在不法之侵害，而出於防衛自己或他人權利之行為，不罰。但防衛行為過當者，<u>得減輕或免除其刑</u>。
24 I 但	因避免自己或他人生命、身體、自由、財產之緊急危難而出於不得已之行為，不罰。但避難行為過當者，<u>得減輕或免除其刑</u>。

● 刑法總則：減輕其刑（無免除其刑）

條號	內容
63	未滿18歲人或滿80歲人犯罪者，不得處死刑或無期徒刑，本刑為死刑或無期徒刑者，減輕其刑。

● 刑法總則：得減輕其刑（無免除其刑）

條號	內容
16 但	除有正當理由而無法避免者外，不得因不知法律而免除刑事責任。但按其情節，得減輕其刑。
18 II III	14歲以上未滿18歲人之行為，得減輕其刑。 滿80歲人之行為，得減輕其刑。
19 II	行為時因前項之原因，致其辨識行為違法或依其辨識而行為之能力，顯著減低者，得減輕其刑。
20	瘖啞人之行為，得減輕其刑。
25 II	未遂犯之處罰，以有特別規定者為限，並得按既遂犯之刑減輕之。
30 II	幫助犯之處罰，得按正犯之刑減輕之。
31 I	因身分或其他特定關係成立之罪，其共同實行、教唆或幫助者，雖無特定關係，仍以正犯或共犯論。但得減輕其刑。
62 本文	對於未發覺之罪自首而受裁判者，得減輕其刑。但有特別規定者，依其規定。

● 刑法分則：得減輕其刑（無免除其刑）

條號	內容
122 Ⅲ 但	對於公務員或仲裁人關於違背職務之行為，行求、期約或交付賄賂或其他不正利益者，處3年以下有期徒刑，得併科30萬元以下罰金。但自首者減輕或免除其刑。在偵查或審判中自白者，<u>得減輕其刑</u>。
244	犯第240條至第243條之罪，於裁判宣告前送回被誘人或指明所在地因而尋獲者，<u>得減輕其刑</u>。
301	犯第298條至第300條之罪，於裁判宣告前，送回被誘人或指明所在地因而尋獲者，<u>得減輕其刑</u>。
20	瘖啞人之行為，<u>得減輕其刑</u>。
347 Ⅴ	犯第1項之罪，未經取贖而釋放被害人者，減輕其刑；取贖後而釋放被害人者，<u>得減輕其刑</u>。

● 刑法總則：得酌量加重

條號	內容
58	科罰金時，除依前條規定外，並應審酌犯罪行為人之資力及犯罪所得之利益。如所得之利益超過罰金最多額時，得於所得利益之範圍內<u>酌量加重</u>。

● 刑法總則：得酌量減輕

條號	內容
59	犯罪之情狀顯可憫恕，認科以最低度刑仍嫌過重者，<u>得酌量減輕其刑</u>。
60	依法律加重或減輕者，仍得依前條之規定<u>酌量減輕</u>其刑。

參考書籍

- 喬許 · 佛爾，《記憶人人 hold 得住》，2012 年。
- Eric R. Kandel，《Memory：From Mind to Molecules》，2008 年。
  （我國翻譯為「透視記憶」）
- 陳光，《改變學習方式，改變一生》，2004 年。
- 卡士登，《強記力》，2012 年。
- 呂英沖，《超級學習法》，2003 年。
- 彭巧君，碩士論文《記憶 · 再現—轉化自我記憶於身體空間之創作》，2008 年。
- 林揮凱，碩士論文《記憶策略應用於國中社會學習領域歷史科教學成效之研究》，2006 年。
- 陳麒合，碩士論文《記憶策略訓練對工作記憶容量的影響》，2003 年。
- 和田秀樹，《圖解記憶法：給大人的記憶術》，2015 年。
- 錢世傑，《圖解理財幼幼班：慢賺的修練》，2015 年。

●筆記●

最深入淺出的國考用書

《圖解民法》

民法千百條難記易混淆
分類圖解後馬上全記牢

　　本書以考試實務為出發點，由
時間的安排、準備，到民法的體系
與記憶技巧。並輔以淺顯易懂的解
說與一看就懂的圖解，再加上耳熟
能詳的實例解說，讓你一次看懂法
條間的細微差異。

《圖解刑法》

誰說刑法難讀不易瞭解？
圖解刑法讓你一看就懂！

　　本書以圖像式的閱讀，有趣的
經典實際案例，配合輕鬆易懂的解
說，以及近年來的國家考試題目，
讓讀者可將刑法的基本觀念印入腦
海中。還可以強化個人學習的效率，
抓準出題的方向。

《圖解刑事訴訟法》

刑事訴訟法程序易混淆
圖解案例讓你一次就懂

　　競爭激烈的國家考試，每一分
都很重要，不但要拼運氣，更要拼
實力。如果你是刑事訴訟法的入門
學習者，本書的圖像式記憶，將可
有效且快速地提高你的實力，考上
的機率也就更高了。

《圖解國文》

典籍一把抓、作文隨手寫
輕鬆掌握國考方向與概念

　　國文，是一切國家考試的基礎。
習慣文言文的用語與用法，對題目
迎刃而解的機率會提高很多，本書
整理了古文名篇，以插圖方式生動
地加深讀者印象，熟讀本書可讓你
快速地掌握考試重點。

《刑事訴訟》

　　刑事訴訟法並不是討論特定行為是否成立刑法罪名的法律，主要是建立一套保障人權、追求正義的調查、審判程序。 而「第一次打官司就 OK !」系列，並不深究學說上的理論，旨在如何讓讀者透過圖解的方式，快速且深入理解刑事訴訟法的程序與概念。

《圖解數位證據》

讓法律人能輕鬆學習
數位證據的攻防策略

　　數位證據與電腦鑑識領域一直未獲國內司法機關重視，主因在於法律人普遍不瞭解，導致實務上欠缺審理能力。藉由本書能讓法律人迅速瞭解數位證據問題的癥結所在，以利法庭攻防。

《圖解車禍資訊站》

車禍糾紛層出不窮！保險有用嗎？國家賠償如何申請？

　　作者以輕鬆的筆調，導引讀者學習車禍處理的基本觀念，並穿插許多案例，讓讀者從案例中，瞭解車禍處理的最佳策略。也運用大量的圖、表、訴狀範例，逐一解決問題。

《圖解不動產買賣》

買房子一定要知道的基本常識！一看就懂的工具書！

　　多數的購屋者因為資訊的不透明，以及房地產業者拖延了許多重要法律的制定，導致購屋者成為待宰羔羊。作者希望本書能讓購屋者照著書中的提示，在購屋過程中瞭解自己在法律架構下應有的權利。

最輕鬆易讀的法律書籍

《圖解法律記憶法》

這是第一本專為法律人而寫的記憶法書籍！

　　記憶，不是記憶，而是創意。記憶法主要是以創意、想像力為基礎，在大腦產生神奇的刻印功效。透過記憶法的介紹，讓大多數的考生不要再花費過多的時間在記憶法條上，而是運用這些方法到考試科目，是筆者希望能夠完成的目標。

《圖解民事訴訟法》

本書透過統整、精要但淺白的圖像式閱讀，有效率地全盤瞭解訴訟程序！

　　民法與民事訴訟法，兩者一為實體法，一為程序法。換個概念舉例，唱歌比賽中以歌聲的好壞決定優勝劣敗，這就如同民法決定當事人間的實體法律關係；而民事訴訟法就好比競賽中的規則、評判準則。

《圖解公司法》

透過圖解和實例，強化個人學習效率！

　　在國家考試中，公司法常常是讓讀者感到困擾的一科，有許多讀者反應不知公司法這一科該怎麼讀？作者投入圖解書籍已多年，清楚瞭解法律初學者看到艱澀聱牙的法律條文時，往往難以立即進入狀況，得耗費一番心力才能抓住法條重點，本書跳脫傳統的讀書方法，讓你更有效率地全盤瞭解公司法！

國家圖書館出版品預行編目資料

圖解法律記憶法：國家考試的第一本書
錢世傑 著 — 第三版 .
臺北市：十力文化，2021.03
頁數：288；14.8×21 公分
ISBN　978-986-99134-7-8（平裝）
1. 法學
580　　　　　　　　　　110002320

國 考 館　　S2102

圖解法律記憶法／國家考試的第一本書（第三版）

作　　者　錢世傑

責任編輯　吳玉雯
封面設計　陳琦男
書籍插圖　劉鑫鋒
美術編輯　劉映辰

出 版 者　十力文化出版有限公司

發 行 人　劉叔宙
公司地址　11675 台北市文山區萬隆街 45-2 號
聯絡地址　11699 台北郵政 93-357 信箱
劃撥帳號　50073947
電　　話　(02) 2935-2758
網　　址　www.omnibooks.com.tw
電子郵件　omnibooks.co@gmail.com

ISBN　978-986-99134-7-8

出版日期　第三版第一刷　2021 年 3 月
　　　　　第二版第一刷　2016 年 8 月
　　　　　第一版第一刷　2013 年 11 月

定 價　450元

地址：

姓名：

十力文化出版有限公司　企劃部收

地址：台北郵政 93-357 號信箱

傳真：（02）2935-2758

E-mail：omnibooks.co@gmail.com

讀 者 回 函

　　無論你是誰，都感謝你購買本公司的書籍，如果你能再提供一點點資料和建議，我們不但可以做得更好，而且也不會忘記你的寶貴想法喲！

姓名／　　　　　　　　　性別／□女 □男　　生日／　　　年　　　　月　　　　日
聯絡地址／　　　　　　　　　　　　　　　連絡電話／
電子郵件／

職業／□學生　　　　□教師　　　　□內勤職員　　□家庭主婦　　□家庭主夫
　　　□在家上班族　□企業主管　　□負責人　　　□服務業　　　□製造業
　　　□醫療護理　　□軍警　　　　□資訊業　　　□業務銷售　　□以上皆是
　　　□以上皆非　　□請你猜猜看
　　　□其他：

你為何知道這本書以及它是如何到你手上的？
　　　請先填書名：
　　　□逛書店看到　□廣播有介紹　　□聽到別人說　　□書店海報推薦
　　　□出版社推銷　□網路書店有打折 □專程去買的　　□朋友送的　　□撿到的

你為什麼買這本書？
　　　□超便宜　　　□贈品很不錯　　□我是有為青年　□我熱愛知識　□內容好感人
　　　□作者我認識　□我家就是圖書館 □以上皆是　　　□以上皆非
　　　其他好理由：

哪類書籍你買的機率最高？
　　　□哲學　　　　□心理學　　　□語言學　　　□分類學　　　□行為學
　　　□宗教　　　　□法律　　　　□人際關係　　□自我成長　　□靈修
　　　□型態學　　　□大眾文學　　□小眾文學　　□財務管理　　□求職
　　　□計量分析　　□資訊　　　　□流行雜誌　　□運動　　　　□原住民
　　　□散文　　　　□政府公報　　□名人傳記　　□奇聞逸事　　□把哥把妹
　　　□醫療保健　　□標本製作　　□小動物飼養　□和賺錢有關　□和花錢有關
　　　□自然生態　　□地理天文　　□有圖有文　　□真人真事
　　　請你自己寫：